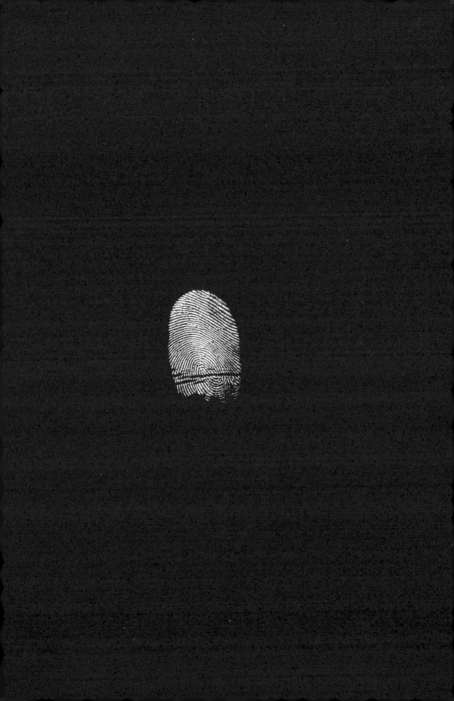

CRIME SCENE
DARKSIDE

A FATHER'S STORY
Copyright © 1994, 2021 by Lionel Dahmer

This edition published by arrangement with Susan Schulman Literary Agency LLC, New York and Echo Point Books & Media

Imagens: Arquivo de família e ©Dreamstime

Tradução para a língua portuguesa
© Verena Cavalcante, 2023

Diretor Editorial
Christiano Menezes

Diretor Comercial
Chico de Assis

Diretor de Novos Negócios
Marcel Souto Maior

Diretor de MKT e Operações
Mike Ribera

Diretora de Estratégia Editorial
Raquel Moritz

Gerente Comercial
Fernando Madeira

Gerente de Marca
Arthur Moraes

Gerente Editorial
Marcia Heloisa

Capa e Projeto Gráfico
Retina 78

Coordenador de Arte
Eldon Oliveira

Coordenador de Diagramação
Sergio Chaves

Designer Assistente
Jefferson Cortinove

Preparação
Talita Grass

Revisão
Iriz Medeiros

Finalização
Sandro Tagliamento

Impressão e Acabamento
Ipsis Gráfica

DADOS INTERNACIONAIS DE CATALOGAÇÃO NA PUBLICAÇÃO (CIP)
Jéssica de Oliveira Molinari - CRB-8/9852

Dahmer, Lionel
  Meu filho Dahmer / Lionel Dahmer ; tradução de Verena Cavalcante. — Rio de Janeiro : DarkSide Books, 2023.
  256 p.

  ISBN: 978-65-5598-243-5
  Título original: A Father Story

  1. Homicidas em série 2. Dahmer, Jeffrey - 1960-1994 3. Crimes seriais - Wisconsin - Milwaukee 4. Dahmer, Jeffrey – Família
  I. Título II. Cavalcante, Verena

23-0527   CDD 364.1523092

Índice para catálogo sistemático:
1. Homicidas em série

[2023, 2024]
Todos os direitos desta edição reservados à
DarkSide® *Entretenimento LTDA.*
Rua General Roca, 935/504 — Tijuca
20521-071 — Rio de Janeiro — RJ — Brasil
www.darksidebooks.com

lionel dahmer

meu filho DAHMER
~~DARKSIDE~~

Tradução
Verena Cavalcante

~~DARKSIDE~~

Meu Filho DAHMER
DARKSIDE

Sumário

Prefácio _____ .13

- I -
Capítulo 01 _____ .23
Capítulo 02 _____ .40
Capítulo 03 _____ .63
Capítulo 04 _____ .73
Capítulo 05 _____ .87
Capítulo 06 _____ .99
Capítulo 07 _____ .111

- II -
Capítulo 08 _____ .132
Capítulo 09 _____ .153
Capítulo 10 _____ .178
Capítulo 11 _____ .198

Epílogo _____ .223
Fotos _____ .238
Agradecimentos _____ .249

Desejo que algo de positivo possa
surgir de todo o sofrimento causado pelas ações de Jeff. Pensando
nesse desejo, e movido pela mais
sincera compaixão, pretendo doar
uma parte dos lucros da edição
americana deste livro, publicada
em 1994, a fim de beneficiar as
famílias de suas vítimas. Embora
nenhuma doação possa reparar tamanha perda, espero que o pouco
que faço ajude essas pessoas de
alguma maneira.

                        Lionel, 1994

PREFÁCIO
À EDIÇÃO BRASILEIRA

Nenhum outro assassino em série carrega uma história que cause, na mesma medida, tanto assombro e interesse quanto Jeffrey Dahmer. Ao longo de muitas publicações do gênero *true crime*, tivemos a oportunidade de analisar documentos oficiais, estudos clínicos e artigos de conceituados perfiladores, sempre na incansável tentativa de compreender o que acontece no interior da mente de assassinos sádicos e cruéis. No entanto, se nosso desejo é estudar a complexidade desses indivíduos, precisamos — com a devida dedicação e clareza — colocar nosso olhar sobre a estrutura primordial da construção de uma vida em sociedade: o círculo familiar no qual esses perpetradores formaram suas personalidades e percepções de mundo.

Lionel Dahmer, pai de Jeffrey Dahmer, entrega neste livro um relato cru e confessional onde tenta compreender e documentar os acontecimentos que habitam sua memória paterna. Em sua rotina, ao desempenhar seu papel de pai, sempre buscou garantir que os filhos tivessem o que julgava ser o melhor: Jeffrey cresceu ao lado do pai, da mãe, do irmão e da avó, fazia todas as refeições e desfrutava de bastante tempo para brincar e estudar — uma infância saudável em vários aspectos. Contudo, ao longo da vida, embora Lionel e Jeffrey emulassem uma dinâmica familiar dentro dos padrões considerados normais, com o passar dos anos um muro cada vez mais alto e silencioso separava esses dois homens e suas origens.

A presença ou a ausência de um alicerce familiar tem fortes consequências no desenvolvimento da personalidade de qualquer indivíduo — tanto nas habilidades sociais quanto na construção de empatia. Nas memórias de Lionel, encontramos uma narrativa determinada a mapear a sua vida ao lado de Jeffrey, desde o seu nascimento até os últimos dias de sua vida. Como é possível lidar com os sentimentos de nojo, desprezo e ódio por alguém que você ajudou a colocar no mundo e, ao mesmo tempo, diante dos fatos, seguir nutrindo o amor paterno? Como preservar a própria vida quando todas ao redor foram destruídas por um familiar tão próximo? Perguntas que parecem seguir sem qualquer conclusão satisfatória, pois Lionel tateia ao seu redor em busca de respostas. Apesar disso, seguiu precisando lidar com um filho e seu rastro de crueldade; um filho que, diante das perguntas em relação ao terror causado por ele mesmo, conseguia apenas proferir uma vazia combinação de palavras em sua voz apática e sombria: "eu realmente pisei na bola desta vez".

Lionel buscou nas mulheres da família e na própria personalidade fria e distante uma razão que pudesse explicar a brutalidade dos atos cometidos por Jeffrey — um homem que destruiu a vida de outros homens e de famílias inteiras. Mesmo diante dos fatos, e após descobrir detalhes cruéis através do relato do próprio filho, Lionel permaneceu ao lado de Jeffrey, lutando para que ele recebesse algum tipo de tratamento psiquiátrico e acreditando, todos os dias, em sua possível redenção.

Ao longo dos capítulos, Lionel traça paralelos e esmiúça fatos corriqueiros que, até então, pareciam irrelevantes. Em uma tentativa de buscar por qualquer partícula de culpa, suas lembranças culminam em desespero, tristeza e pesar. Nesse íntimo resgate de memórias, encontra um caminho devastador que, por fim, se mostra incapaz de revelar a verdadeira fome que habitava os olhos e a mente de seu filho.

Advertimos que *Meu filho Dahmer* é, em sua essência, um livro de memórias angustiante e controverso, uma obra na qual encontramos relatos e reflexões do familiar de um assassino em série. Por isso, cabe às leitoras e aos leitores, munidos de sua própria sensibilidade, buscar nas páginas deste livro e de outros documentos as informações necessárias para um melhor entendimento acerca dos transtornos e das condições mentais de Jeffrey Dahmer — o famoso canibal de Milwaukee.

Equipe Editorial Crime Scene®
Fevereiro de 2023

Corre em profundos e terríveis canais
A compaixão por Filhos e seus Pais
- William Wordsworth -

Se a polícia tivesse dito que meu filho estava morto, meus sentimentos seriam diferentes. Se me dissessem que um homem estranho o houvesse atraído para um apartamento decadente e, alguns minutos depois, tivesse drogado, estrangulado, abusado sexualmente e, por fim, mutilado seu cadáver — em outras palavras, se tivessem dito a *mim* as mesmas coisas horríveis que precisaram dizer a tantos outros pais e mães, no mês de julho de 1991, então eu teria feito tudo o que eles fizeram. Eu teria pranteado o meu filho e depois exigido que o homem que o matou fosse rigorosamente punido. Se não fosse executado, então pelo menos deveria ficar eternamente separado de outras pessoas. Depois disso, eu tentaria me lembrar do meu filho com carinho. Eu teria, espero, visitado seu túmulo de tempos em tempos, falado dele com afeição e tristeza, continuado, o máximo possível, a ser o guardião de sua memória.

No entanto, não disseram a mim o que esses pais e essas mães ouviram — que seus filhos tinham sido mortos pelas mãos de um assassino. Em vez disso, informaram que *meu* filho havia assassinado os filhos *deles*.

Portanto, meu filho ainda vivia. Eu não podia enterrá-lo.

Eu não podia me lembrar dele com ternura. Afinal, ele não pertencia ao passado. Ele ainda estava comigo — e continua ali.

É claro que, inicialmente, eu não consegui acreditar que Jeff tinha feito todas aquelas coisas das quais a polícia o havia acusado. Como qualquer pessoa seria capaz de acreditar que o próprio filho cometeria tais atrocidades? Eu estive nos lugares onde disseram que ele fez tudo aquilo. Visitei os quartos e porões que, em outros momentos, de acordo com a polícia, nada mais eram que abatedouros. Eu havia olhado dentro da geladeira do meu filho e visto apenas algumas caixas de leite e latas de refrigerante. Eu tinha me apoiado, casualmente, na mesa preta que, alegaram, meu filho havia usado tanto como mesa de dissecação quanto como um bizarro altar satânico. Como era possível que tudo aquilo estivesse escondido de mim — não só as terríveis evidências físicas dos crimes de Jeff, mas a natureza sombria do homem que as cometeu, uma criança que segurei nos braços milhares de vezes, e cujo rosto, quando o vi na primeira página dos jornais, assemelha-se tanto ao meu?

De forma bastante previsível, conforme as evidências se acumulavam e se tornavam cada vez mais assustadoras, tentei me convencer de que Jeff não podia ter feito tudo aquilo por conta própria, mas que havia sido o mero joguete de outra pessoa, alguém mais diabólico que meu filho, alguém que tivesse se aproveitado da solidão e do isolamento dele, transformando-o em um horrível ser escravizado. Cheguei a conjurar visões desse "outro" que eram, provavelmente, tão satânicas quanto as que povoavam a imaginação de Jeff. O "outro" era um gênio maligno, um manipulador, um Svengali[1] diabólico que havia atraído meu filho para seu círculo de poder, convertendo-o em um demônio irracional. No período em que me permiti imaginar essa pessoa, o ar ao meu redor parecia repleto de morcegos que guinchavam e investiam contra mim, então aceitei, ainda que brevemente, a ideia de que o mundo era um lugar tão odioso e malevolente quanto as coisas que meu filho havia feito.

Porém, sou dono de um pensamento analítico; por isso, não importava o quanto desejasse acreditar neste "outro" demoníaco, eu tive de aceitar que isso nada mais era que um fantasma que eu havia criado para proteger meu filho, a fim de remover parte da culpa que tinha sido acumulada sobre ele.

Assim, meu primeiro confronto foi comigo mesmo, com o fato de ser uma pessoa tão analítica. Eu lido com coisas reais, não imaginárias. Evidência é evidência, e é preciso que ela seja reconhecida como tal. Não havia qualquer evidência alegando que alguém tivesse obrigado Jeff a matar. Não havia qualquer evidência indicando que alguém o tivesse ajudado a fazer aquelas coisas. Não havia sequer evidências de que alguém soubesse o que Jeff estava fazendo. Os vizinhos tinham sentido odores repulsivos vindos do apartamento dele, mas ninguém nunca entrou lá dentro. Eles notavam a forma como Jeff chegava e saía, sempre fechando a porta com rapidez, para que ninguém

---

[1] Personagem do livro *Trilby*, de George du Maurier, incorporado pelo cinema, pelo imaginário e pela cultura popular como um hipnólogo malicioso e vigarista. [Nota da Tradutora, daqui em diante NT.]

conseguisse um vislumbre do interior do apartamento, mas os vizinhos jamais tiveram a menor suspeita dos horrores que ocorriam por trás daquela porta fechada.

Jeff fez tudo aquilo sozinho, em segredo. Não podia culpar ninguém, exceto ele, por todas aquelas mortes, e não havia dúvidas de que eu precisava aceitar aquele fato. Jeff tinha feito tudo sozinho. Ele era o único culpado.

Então foi isso que a polícia me informou no mês de julho de 1991. Não que meu filho estava morto, mas sim que uma coisa dentro dele estava morta — aquela parte que deveria tê-lo feito refletir, impedindo-o de causar tanto sofrimento.

Essa parte está viva na maioria das pessoas, pelo menos em algum grau. Claro, todos somos egoístas às vezes. Todos somos presunçosos e egocêntricos até certo ponto. Mas, na maioria de nós, há um limite que essa parte nos impede de cruzar. Ela nos diz como devemos tratar outras pessoas e até que ponto podemos machucá-las. Pode ser que isso a que chamo "parte" não seja nada além de um traço químico ou de uma configuração de células cerebrais. Nós a chamamos de "consciência", "agir como ser humano" ou "ter um coração". Pessoas religiosas talvez achem que isso vem de Deus. Sociólogos diriam que tem relação com a moralidade. Eu não sei. Só posso repetir o que foi claramente sugerido pela evidência — ou essa parte no meu filho estava morta ou nunca tinha existido.

No começo, esse foi meu momento de mais profundo reconhecimento, perceber que algo faltava em Jeff, a parte que deveria ter gritado: *Pare!*

CAPÍTULO .01

Meu filho, Jeff, nasceu em Milwaukee, no dia 21 de maio de 1960. Veio de uma gestação difícil. Minha esposa engravidou rápido demais, apenas dois meses após nosso casamento, e nenhum de nós, imagino, estava realmente preparado para a parentalidade. Durante o primeiro trimestre, Joyce sofreu de muitos enjoos matinais e, conforme o tempo passava, esse estado piorou progressivamente, até chegar a um estado tão severo de náusea contínua, que isso a impedia de manter qualquer alimento no estômago. Os vômitos incessantes afetaram, inclusive, sua capacidade de trabalhar; por isso, ela precisou se demitir de seu emprego como instrutora de teletipo.[1]

Depois disso, Joyce ficou em casa, lidando o melhor que podia, não só com as náuseas, mas também com outras doenças — físicas e emocionais.

---

1 Modelo de máquina de escrever eletromecânica que era utilizada para transmissão de dados. [NT]

Com o passar das semanas, Joyce foi se tornando cada dia mais nervosa. Tudo parecia incomodá-la, sobretudo os sons e cheiros relacionados ao preparo de alimentos vindos da família que morava logo abaixo de nós, no pequeno edifício de apartamentos conjugados em que vivíamos. Para ela, o menor ruído era insuportável, e cada odor, por mais normal que fosse, parecia impossível de tolerar. Ela exigia, constantemente, que eu tomasse uma atitude sobre essas coisas. Eu devia reclamar sobre cada barulho, sobre cada cheiro. Algo que eu simplesmente não podia fazer. Além de sempre ter tido dificuldade em confrontar outras pessoas, eu não achava possível abordar meus vizinhos de baixo para reclamar sobre barulhos e odores que estavam perfeitamente dentro do normal. A questão é que os problemas dos quais Joyce reclamava nunca me pareciam sérios.

No entanto, eles eram graves o bastante para Joyce; por isso, ao longo do tempo, ela foi se irritando cada vez mais com a minha recusa de censurar nossos vizinhos. Por causa disso, começamos a discutir. Às vezes, as discussões eram tão acaloradas que, certo dia, para fugir da tensão criada por elas, Joyce saiu de casa, andou até um parque próximo e sentou-se em um banco, agasalhada apenas com um casaco, onde permaneceu, sozinha no meio da neve, até que eu fosse buscá-la, arrastando-a comigo de volta para casa. Lembro-me de como tremia debaixo de mim durante o trajeto. A tristeza no rosto dela era verdadeira, mas não parecia haver muito que eu pudesse fazer para aliviá-la. Eu me sentia impotente. Ela sempre me perguntava se eu a amava, e eu sempre respondia que sim, embora essas reafirmações nunca a satisfizessem.

Agora, quando penso nesses momentos, reflito sobre a necessidade que minha esposa tinha de se sentir amada e de minha incapacidade de demonstrar esse amor de uma forma que fosse significativa para ela. Eu mostrava meu amor trabalhando, me empenhando, satisfazendo todas as suas necessidades físicas, caminhando em direção ao futuro que esperava compartilhar com ela. Não era disso que ela precisava, é claro, mas era tudo o que eu podia dar. Analisando friamente, que é a maneira como costumo agir, vejo-me como um marido dedicado, um provedor de tudo que é essencial — comida, vestimentas, abrigo —, o tipo de homem que foi meu pai, meu único modelo de como deveria ser um marido.

O fato de Joyce não conseguir me aceitar como eu era continuou a prejudicar nosso casamento nos meses seguintes. Era um problema que nossas condições de vida só potencializavam, e, no fim, tornou-se claro que isso, pelo menos, precisava mudar. O cheiro da comida de nossos vizinhos parecia azeda para Joyce; a batida de seus potes e panelas, intoleravelmente incômoda. As duas coisas a impediam de dormir, o que afligia seus nervos, causando espasmos musculares incontroláveis, o que a angustiava ainda mais.

Então, aproximadamente dois meses antes do nascimento de Jeff, em março de 1960, nós nos mudamos para a casa de meus pais, em West Allis, Wisconsin.

Contudo, a mudança trouxe pouco alívio à condição física de Joyce. Ela continuou a sofrer de longas crises de náusea; e, além disso, havia desenvolvido uma forma de rigidez que nenhum dos médicos que a atenderam foi capaz de diagnosticar.

Às vezes, as pernas dela se fechavam, travando no mesmo lugar, e todo seu corpo se enrijecia e começava a tremer. A mandíbula dela se estirava para a direita e assumia um retesamento apavorante. Durante esses estranhos ataques, seus olhos costumavam se arregalar como os de um animal assustado, e ela salivava em profusão, literalmente espumando pela boca.

Sempre que Joyce sofria esses ataques, eu e meus pais nos revezávamos para caminhar com ela pela sala de jantar a fim de tentar aliviar essa rigidez toda. Lentamente, fazíamos a volta ao redor da mesa da sala de jantar, Joyce quase incapaz de andar, mas tentando ao máximo, enquanto eu a segurava. Contudo, esse procedimento quase nunca funcionava. Por isso, quase sempre um médico precisava intervir, aplicando injeções de barbitúricos[2] e morfina em minha esposa, o que finalmente a fazia relaxar.

O médico não conseguia encontrar nenhuma razão clínica que explicasse esses ataques repentinos. Ele sugeriu a possibilidade de que não estivessem relacionados ao estado físico de Joyce, mas sim ao mental. Acreditava que estivessem

---

[2] Os barbitúricos atuam como substâncias depressoras do Sistema Nervoso Central, são usados como antiepilépticos, sedativos, hipnóticos e anestésicos. Seu uso entrou em declínio após o aparecimento de drogas mais modernas e com menos efeitos colaterais, como os benzodiazepínicos. [Nota da Editora, daqui em diante NE.]

conectados à gestação do primeiro filho. Entretanto, era preciso que algo fosse feito, por isso, ele acrescentou fenobarbital[3] à lista de medicamentos já prescritos.[4]

Porém, essa medicação extra não pareceu ser de muita ajuda; e a condição emocional de Joyce só piorou. Ela se tornou progressivamente tensa e irritável, e se ofendia com facilidade, parecendo sempre furiosa com outras pessoas e com a natureza severa de sua gravidez.

Ao longo desse período, fiz o que podia para mantê-la confortável, mas, ao mesmo tempo, e hoje me dou conta disso, eu também a deixava sob encargo de meus pais com muita frequência. Eu tinha me graduado pela Marquette University e estava estudando para o mestrado em Química Analítica. Também trabalhava como assistente de pós-graduação. Como resultado, eu passava a maior parte do dia longe de casa, em especial durante os dois últimos meses de gestação de Joyce. Eu saía às 7h e não voltava antes das 19h ou 20h. Durante aquelas longas horas de intervalo, Joyce era forçada a ficar presa em casa com a minha mãe. Ela sequer tinha carteira de habilitação. Não havia qualquer alívio na rotina; por isso, se Joyce às vezes reagia com ódio e ressentimento, ninguém se surpreendia com isso. Apesar de tudo, eu ficava perplexo com o que enxergava

---

3 No Brasil, é comercialmente conhecido como Gardenal, um barbitúrico utilizado como anticonvulsionante, hipnótico e sedativo. Seu uso é contraindicado durante e gravidez, pois está associado a possíveis malformações do feto. [NE]

4 Os barbitúricos, classe de medicamentos dos sedativos hipnóticos prescritos para Joyce, têm potencial teratogênico — ou seja, produzem alterações em estruturas ou funções do embrião ou feto —, além de provocarem sinais de abstinência em recém-nascidos cujas mães fizeram uso da substância. [NE]

como uma inabilidade de Joyce lidar com os problemas. Para mim, os ruídos e cheiros do nosso antigo apartamento eram normais e a situação na casa dos meus pais parecia perfeitamente tolerável. Por que ela estava tão chateada o tempo todo? O que ela achava assim tão terrível?

Como descobri depois, era impossível que eu compreendesse a situação de Joyce. O emocional dela se constituía de forma totalmente diferente do meu. Era marcado por picos e vales, altos e baixos. O meu, como recentemente descobri, era, e assim permanece, uma planície achatada.

Para lidar com as crises em suas condições físicas e emocionais, Joyce continuou tomando vários tipos de remédios. Ela chegava, às vezes, a tomar 26 comprimidos por dia. É claro que, sem dúvida nenhuma, eles aliviavam um pouco de seu sofrimento físico; porém, no que dizia respeito à angústia emocional — à sensação de desamparo e isolamento que às vezes a esmagava —, não havia qualquer alívio. A irritabilidade continuava e Joyce se alienava cada vez mais de mim e de meus pais. Eu não sabia o que fazer. Achava difícil, como sempre achei, interpretar o exato estado mental de outra pessoa e, durante esse período, certamente tinha dificuldade de compreender Joyce. Eu me debatia contra essa questão, tentando o melhor que podia, mas no geral de forma ineficaz. Joyce quase sempre me atacava durante essas constrangedoras tentativas de consolá-la, uma reação que às vezes me surpreendia, uma vez que aquela raiva toda era tão diferente da minha forma de lidar com as coisas — a passividade costumeira com que sempre reagi diante dos altos e baixos da vida.

Em todo o caso, nós nunca chegamos a um acordo sobre os conflitos ocorridos naquele primeiro ano. Por causa disso, acho que essa primeira experiência problemática foi a base de um longo, e ainda mais conturbado, casamento. De certa forma, nosso relacionamento nunca se recuperou de todo dano ocorrido naquele primeiro momento, nunca evoluiu a partir dali.

Então, depois de todo aquele longo sofrimento, o meu filho nasceu.

Eu estava em Marquette quando ele chegou. Eram 16h45, e eu estava trabalhando no meu escritório de assistente de pós-graduação, quando o telefone tocou. Era minha mãe, contando que papai havia levado Joyce ao Deaconess Hospital, apenas a alguns quarteirões da universidade.

Dirigi até lá imediatamente e descobri que o parto de Jeff já tinha acontecido. Então, fui direto ao quarto de Joyce e a encontrei na cama, parecendo exausta, é claro, mas também feliz pela primeira vez em muitas semanas. "Você tem um filho", ela disse.

Alguns minutos depois, eu o vi pela primeira vez. Ele estava em um bercinho de plástico, seu corpo enrolado em um cobertor azul. Pude vê-lo deitado de lado, imóvel, de olhos fechados, dormindo tranquilamente. Encarei-o, atônito, chocado com o quanto se parecia comigo, quantos traços de mim mesmo enxerguei em seu rosto, miniaturizados, estampados naquela carinha minúscula e rosada.

Joyce havia dito, "Você tem um filho".

E eu tinha mesmo.

Um filho a quem eu daria o meu próprio nome.

Jeffrey Lionel Dahmer.

Jeffrey veio para casa alguns dias depois. Uma de suas perninhas estava em um gesso, uma correção ortopédica necessária por causa de uma pequena deformidade, mas, tirando isso, ele estava perfeitamente bem. Joyce segurava-o com carinho nos braços e, enquanto eu dirigia, levando-nos todos para casa, podia ver seus olhinhos espiando aqui e ali, observando o mundo pela primeira vez.

Sempre penso nele e naquela inocência preliminar. Imagino os formatos que ele deve ter visto, o borrão das cores em movimento, e, conforme relembro sua infância, sinto-me afogado em uma sensação desesperada de pavor. Recordo seus olhos, piscando suavemente, e então me lembro de todos os horrores que veriam depois. Detenho-me sobre suas mãozinhas rosadas e, na minha mente, penso no que fariam, vejo como crescem e se tornam assustadoras; como se lambuzam de sangue. É impossível reconciliar essas visões ou escapar da tristeza que evocam. São como cenas de dois mundos separados, páginas de livros diferentes, o que torna impossível imaginar como o fim da vida do meu filho pode ter qualquer relação com o início dela.

E isso, principalmente, porque naqueles primeiros dias, logo após trazermos Jeff para casa, a felicidade se instalou sobre nós. O longo martírio que havia sido a gravidez de Joyce parecia terminado, uma terrível provação que o nascimento de Jeff parecia ter apagado de nossas memórias. Por um tempo, experimentamos aquela alegria que somente quem tem filhos conhece — o sentido da vida parece renovado e intensificado. Quando Joyce escreveu o anúncio do nascimento e o enviou para amigos e parentes, essa felicidade e leveza foi muito bem capturada. Na frente, ela desenhou um bebê sorridente rodeado por uma espiral de bolhas cor-de-rosa, seu punho minúsculo segurando uma régua de cálculo. Dentro do cartão, Joyce escreveu um pequeno poema:

> *A Química tem muitas fases*
> *Nos químicos muita confusão é causada*
> *Bem, aqui está nossa pequena fórmula*
> *Por nós patenteada!*

Essa felicidade, porém, durou muito pouco tempo. Apenas alguns dias após a chegada de Jeff, os problemas começaram a surgir outra vez.

Em primeiro lugar, a amamentação. Algo no processo incomodava Joyce em demasia, o que a deixava muito irritada. Ela passou a sentir um medo terrível do momento. Minha mãe sempre a encorajava a tentar relaxar. Ela dizia que o nervosismo e a dor inicial da amamentação eram perfeitamente naturais e que ela logo se acostumaria à rotina. Mas Joyce nunca se adaptou, nunca aceitou amamentar, e, em poucos dias, desistiu de vez. Seus seios foram amarrados com uma faixa para que o leite secasse e Jeff, a partir daí, foi alimentado por uma mamadeira.

Ao passar dos dias, mais problemas apareceram. O espaço apertado do quarto que dividíamos com Jeff era uma constante fonte de tensão e descontentamento. Ocorreram algumas discussões com mamãe e, após um tempo, esses conflitos se tornaram um estado permanente de apreensão e mau pressentimento. Joyce se afastou de mamãe cada vez mais, recusando-se a descer para comer à mesa com o resto de nós durante o jantar. Em vez disso, ficava apenas no andar de cima, sozinha na cama, enquanto Jeff dormia calmamente no bercinho de vime a alguns metros de distância.

Ela também discutia muito comigo, travava disputas que pareciam não ter solução. Nessas horas, era comum que Joyce saísse de casa; uma vez, encontrei-a a cinco quarteirões de distância, deitada em meio ao mato alto, vestida apenas com uma camisola.

Nesse ponto, é óbvio, eu já sabia sobre a infância de Joyce: o alcoolismo de seu pai, a longa batalha que havia travado para superar o comportamento dominante, violento e explosivo que ele impusera sobre ela e o resto da família. Mas sempre que eu tentava analisar a situação, chegava diante de um muro impossível de ser ultrapassado. O que eu poderia fazer para mudar o passado dela? Como eu poderia consertá-lo? O que ela poderia fazer, em vez de apenas deixá-lo para lá? No meu ponto de vista, Joyce precisava esquecer todo medo e toda crueldade que havia experienciado enquanto criança, devendo se concentrar apenas no futuro. Parecia muito simples para mim — muito óbvio e nada complicado. Ou você superava os seus problemas ou seria esmagado por eles.

Minha visão de mundo, é claro, era completamente unidimensional. E naquele momento, era também irreal, porque falhava em reconhecer que Joyce era uma pessoa muito mais complicada e, certamente, bem mais ferida do que eu poderia imaginar. Ela me desconcertava; eu sempre me sentia incapaz quando precisava lidar com ela. Não conseguia compreender de onde vinha tanto medo e tanta raiva, por isso eu simplesmente a evitava, fugindo para o meu laboratório, onde as coisas eram menos voláteis e onde todas as reações poderiam ser sistematicamente controladas.

Por causa disso, Joyce passava longos períodos sozinha, isolada e, até certo ponto, desamparada; enquanto eu trabalhava em Marquette, com minha vida imersa em uma rotina previsível e imensamente confortável. É claro que tentei ajustar meus horários de trabalho; mesmo assim, inclusive em casa, eu estava sempre ocupado com o curso ou estudando para provas. Eu estava ali fisicamente, mas outra parte de mim se ocupava com outras questões — com o futuro, como eu o via, e com a carreira que serviria, no fim, para sustentar minha esposa e meu filho.

Após um tempo, tornou-se impossível continuar morando na casa dos meus pais. A tensão era absurda. Por isso, logo no início de setembro, quando Jeff tinha apenas quatro meses de idade, nos mudamos para a Van Buren Street, na Zona Leste de Milwaukee.

A nova residência era uma velha casa que tinha sido dividida em seis apartamentos separados. Não era tão decadente, mas também não era moderna. Nosso apartamento tinha um único quarto e dava para um distrito operário da cidade; um local para famílias, com restaurantes pequenos e baratos e sorveterias, o tipo de lugar para o qual um estudante universitário poderia se mudar com sua esposa e seu filho tendo a sensação de que estariam seguros sempre que estivesse fora.

Nessa época, Jeff já balbuciava alegremente. Ele se deleitava em se sentar no cadeirão onde o alimentávamos, cuspindo a comida com energia enquanto lutávamos para que comesse. Ele parecia sentir um prazer feroz com essa prática, rindo com toda a barriga, o corpinho todo sacudindo, como se estivesse convulsionando em um frenesi de satisfação.

Pelos dois anos seguintes, continuamos vivendo nesse apartamento enquanto eu trabalhava em Marquette. Joyce continuou em casa com Jeff, atendendo a cada uma de suas necessidades. Ela o levava em longas caminhadas no seu carrinho de bebê, chegando, uma vez, a andar mais de 8 quilômetros para me surpreender na universidade.

Durante todo esse tempo, nosso relacionamento era uma mistura de bons e maus momentos. Ainda não vivíamos um período de tensão constante — como viria a ser. Joyce conseguiu relaxar um pouco, como se estivesse começando a se adaptar a esse novo "papel" de esposa e mãe. Para mim, ela parecia razoavelmente feliz e satisfeita. Quanto a Jeff, ele continuava uma criança alegre e adorável. Ele brincava o tempo todo em seu andador, lançando-se em todas as direções possíveis pela casa e até na calçada, onde, uma vez, esbarrou em uma rachadura e rolou sobre ela, machucando o queixo até sair sangue. Corri com ele para casa, Joyce pegou o kit de primeiros socorros e o confortamos enquanto Jeff, pouco a pouco, parava de tremer e de prender a respiração de tanto medo. Ele gostava de brincar com animais de pelúcia, coelhinhos e cachorros, ou blocos de madeira que amava empilhar para depois empurrá-los com um golpe súbito e vigoroso. No outono, sempre que estava em seu cercadinho, Jeff gostava de agrupar as folhas que o rodeavam e depois as rasgava com ferocidade. Uma vez, quando perguntei o que estava fazendo, Jeff apenas respondeu, "*Ragano foias*", ou seja, "*Rasgando* as folhas". E então sorriu.

Em setembro de 1962, me ofereceram uma vaga de assistente de pós-graduação no programa de doutorado da Iowa State University. Eu aceitei e, logo depois disso, Joyce, Jeff e eu nos mudamos para o campus da universidade de Iowa, em Ames.

Nós nos mudamos para uma pequena cabana de madeira que pertencia à universidade e estava localizada em um lugar chamado Pammel Court. Era bem menor que nosso antigo apartamento em Milwaukee e estava cercada de estruturas parecidas, junto a um conjunto de barracões Quonset[5] que tinham sido construídos durante a Segunda Guerra Mundial.

A oferta de emprego da universidade incluía um generoso salário, por isso tanto Joyce quanto eu enxergamos isso como uma oportunidade de alavancar nossas vidas, um degrau a mais na escada que nos levaria a um futuro melhor.

Assim que nos instalamos na nova casa, comecei meu trabalho na universidade. No início, consegui um cargo de assistente de docência, mas logo depois passei a trabalhar como auxiliar de pesquisa, um ofício que me agradava muito mais. No novo emprego, eu não precisaria lidar com alunos. Em vez disso, podia trabalhar com componentes químicos

---

5 Construções provisórias de formato semicilíndrico muito utilizadas pelas Forças Armadas norte-americanas em contextos de guerra. [NT]

e equipamento de laboratório, circundado de ferramentas analíticas em um ambiente que era totalmente livre de contato com outras pessoas. Sendo assim, essa foi uma mudança muito bem-vinda em comparação ao meu trabalho anterior. Embora eu gostasse de trabalhar com os alunos, o laboratório me oferecia desafios diferentes, e logo comecei a pensar nele como o lugar que de fato me faria florescer. No laboratório, as leis de ferro da ciência governavam um mundo outrora caótico de ações e reações. No resto do mundo, em especial em minha relação com Joyce, as coisas eram obscuras e complicadas. Era sempre difícil saber exatamente onde eu estava e o que deveria fazer naquele momento. O laboratório, por outro lado, era o lugar onde me sentia seguro sobre minhas suposições e meu conhecimento. Fora dele, eu me sentia menos seguro de mim mesmo, muito menos capaz de perceber as coisas corretamente. Como resultado, permanecia no laboratório não só porque tinha muito trabalho a fazer, mas também porque sentia alívio e conforto no fato de conceber adequadamente o que estava acontecendo ali. No laboratório, eu compreendia as leis que governavam todas as coisas.

Enquanto isso, Joyce ficava em casa, em Pammel Court. Havíamos encontrado o lugar em um estado insalubre quando chegamos, e ela havia se ressentido do fato de ter que limpar e esfregar muito mais do que tinha imaginado de início. Novamente, Joyce passaria a maior parte do tempo trancada em casa, enquanto eu passaria a maior parte dos dias e, a partir de então, até mesmo muitas de minhas noites, trabalhando no laboratório.

Como resultado, o estado emocional de minha esposa começou a se deteriorar. Um sonho recorrente passou a atormentá-la. Nele, era perseguida sem parar por um enorme urso preto. Às vezes, chegava a gritar enquanto dormia. Eu tentava acalmá-la, fazendo as sugestões típicas de uma mente analítica, recomendando que desse uma volta pela casa ou bebesse um copo de leite quente, mas nunca cheguei a falar sobre o significado do sonho em si, ou tentei descobrir sua origem.

O previsível aconteceu, e nossas discussões se tornaram mais violentas, chegando, por vezes, à agressão física. Em algumas ocasiões, quando eu revidava com força, Joyce agarrava uma faca de cozinha e fazia movimentos ameaçadores. Em resposta, eu fugia para outro cômodo ou apenas deixava a casa de vez.

No entanto, se Joyce e eu estávamos tendo problemas um com o outro, com Jeff não era diferente. Várias vezes ao longo daqueles primeiros anos, ele padeceu de inúmeras infecções. Quase toda semana parecia trazer consigo um novo *round* de doenças. Ele sempre contraía infecções de garganta e otites que o mantinham acordado, chorando, a noite toda. Vezes sem conta, meu filho foi levado ao hospital da universidade para tomar injeções, e, depois de um tempo, suas pequenas nádegas estavam repletas de caroços. Foi quando ele passou a avançar contra os médicos e as enfermeiras que lutavam para cuidar dele.

Mas também tivemos nossos bons momentos, períodos em que Jeff estava saudável, cheio de vigor e de diversão. Fomos a desfiles e festivais, e a cidade de Ames tinha seu próprio zoológico, que visitávamos de vez em quando. Montei um balanço ao lado de casa e instalei uma caixa de areia para Jeff brincar quando o tempo estava bom o suficiente para que ficasse ao ar livre.

Apesar de tudo, Jeff continuava sendo uma criança feliz e exuberante. Quando eu chegava em casa para a ceia, ele corria na minha direção e pulava nos meus braços. Era um menino empolgado e expressivo, e amava que brincassem com ele ou que lessem um livro antes de dormir. Ele brincava com blocos maiores agora e pedalava em um pequeno triciclo. Mais do que tudo, Jeff amava que eu o levasse comigo para andar de bicicleta, montado sobre o guidão de cromo.

Em uma dessas voltas, de súbito, Jeff pediu que eu parasse. Ele estava muito excitado, de olhos bem abertos e fixos em algo que eu ainda não conseguia vislumbrar.

Quando brequei a bicicleta, ele apontou mais à frente, para a direita.

"Olha", ele disse, "olha aquilo ali!"

"O quê?", perguntei, ainda incapaz de ver o que ele estava apontando.

"Ali, está bem ali!", ele gritou.

Olhei mais de perto na direção indicada e vi um montinho parecido com um torrão de terra. Quando me aproximei, percebi que, na verdade, era um bacurau que tinha caído do ninho e agora estava deitado, indefeso, sobre o asfalto duro. Estacionamos a bicicleta e nos aproximamos. Inicialmente, não sabíamos o que fazer, mas a pedido de Jeff eu o peguei e, juntos, levamos o pássaro para casa. Ao longo das semanas seguintes, cuidamos dele até que se curasse, alimentando-o com papa de leite de xarope de milho servida em uma mamadeira de bebê. Depois de um tempo, o pássaro começou a aceitar comidas sólidas, como pão e, até mesmo, uns pedacinhos de hambúrguer. Ele cresceu mais e mais, até que finalmente o levamos para fora de casa para libertá-lo. Era um luminoso dia de primavera, e até hoje me lembro de como tudo parecia verde.

Naquele momento, aninhei o pássaro em minhas mãos em concha, levantei-as para o céu, então abri as mãos e o libertei. No momento em que o bacurau abriu as asas e se ergueu no ar, nós, todos nós — Joyce, Jeff e eu — sentimos um maravilhoso deleite. Os olhos de Jeff, muito abertos, brilhavam. Deve ter sido o momento mais especial, mais feliz da vida dele.

CAPÍTULO .02

Quando era garotinho, eu desenvolvi uma obsessão. Aconteceu aos poucos, ao longo do tempo, mas o caso é que me tornei obcecado, em certo sentido até mesmo hipnotizado, pela presença do fogo. Havia um velho que morava três ou quatro casas abaixo da minha antiga casa da infância. Ele tinha uma perna de madeira e fumava um cachimbo. Sempre que queria acendê-lo, ele riscava o fósforo na perna de madeira. Quando menino, presenciei esse ato várias vezes, o que me faz pensar que talvez essa obsessão com fogo tenha surgido desse único e curioso evento.

Independentemente da causa, em resposta a sabe-se lá que coisa, minha obsessão cresceu ao longo dos anos. Por um tempo, mantive uma grande coleção de caixas de fósforo. Depois, comecei a roubar palitos de fósforo. Eu os surrupiava de onde quer que os encontrasse, estivessem sobre mesas ou guardados dentro de gavetas. Então, escapava para algum lugar deserto e acendia-os, um por um, observando-os com atenção, fascinado pelas chamas dançarinas.

Como ocorreu nos primeiros estágios da infância, no início, papai não tomou conhecimento de minha piromania.[1] Trabalhando em dois empregos, um como professor de matemática de ensino médio e outro como barbeiro, ele era um homem muito ocupado. Sabia apenas o que a maioria dos pais sabe sobre seus filhos: sabia quando estavam doentes; quando tinham se machucado; e quando haviam triunfado ou falhado em alguma questão importante.

Meu pai, é claro, não tinha conhecimento algum sobre minha vida íntima. Ele não sabia, por exemplo, que, por vezes, durante as aulas, havia começado a experimentar sensação novas e misteriosas (pelo menos para mim) quando estava escalando o trepa-trepa, as barras paralelas ou me esfregando dentro dos vestiários. Ele não sabia que, depois, minhas fantasias envolveriam mulheres grandes e rechonchudas. É óbvio que os pais raramente sabem esse tipo de coisa sobre os próprios filhos, desconhecem o mundo privado de suas necessidades sexuais em desenvolvimento, os giros que fazem para encontrar formas de satisfazê-las.

Apesar disso, papai se envolvia bastante com seu papel, especialmente levando em consideração que o conceito de paternidade da época era o mais distante possível; o pai era uma figura cuja função principal era fornecer o indispensável para a sobrevivência e manter a disciplina. Mas papai sempre reservava um tempo só para mim. Me ajudava com a lição de casa e participava de todas as reuniões de pais e mestres da escola.

---

[1] Transtorno psicológico em que a pessoa tem fascinação pelo fogo e, muitas vezes, um desejo incontrolável por causar incêndios. [NE]

Ele brincava de pega-pega comigo, me levava para nadar, para andar de trenó e para acampar. No Natal, fazia questão de que víssemos o Papai Noel no centro comercial. Ele era um ótimo pai, carinhoso e preocupado, o sonho de qualquer filho.

Porém, havia coisas que ele não sabia, e uma delas era que o filho havia começado a ser levado, da forma mais inocente e indefesa possível, a algo que, em sua forma mais assustadora, carregava em si o potencial de uma vasta e incomensurável destruição.

Sendo assim, segui com minha mania. Ela se ampliou, passando a incluir um fascínio envolvendo bombas e a criação de explosivos. Ainda assim, era o fogo que me assombrava, até que, entregando-me à minha obsessão em uma tarde veranil, quase incendiei a garagem do vizinho.

Foi assim que, finalmente, papai descobriu a existência de impulsos perigosos em mim; que, em algum lugar, sem saber por que ou como, um caminho sombrio tinha sido cavado em meu cérebro.

O que se seguiu foi um sermão severo sobre os perigos do fogo, seu poder destrutivo e como eu precisaria tomar cuidado no futuro para controlar esse interesse que, se continuasse desenfreado, poderia, inevitavelmente, causar danos enormes.

Lembro-me de prestar muita atenção ao duro alerta de meu pai. Recordo-me de pensar que eu tinha me desviado, que tinha escolhido me encantar por algo que carregava consigo terríveis consequências. Mais que qualquer coisa, pensei que aquele era um interesse que eu precisava canalizar e controlar, mesmo que exigisse cada grama da minha força de vontade.

Quando recordo a reação de meu pai ao descobrir minha piromania, ela me parece incrivelmente conservadora. Não foi nada mais que uma reprimenda, um alerta baseado na noção confiante de papai de que minha fascinação pelo fogo era algo que eu podia controlar por conta própria. Nunca deve ter passado pela cabeça dele que meu fascínio pudesse estar atrelado à minha própria sexualidade, que pudesse estar conectado àquele motor implacável, e que, se de fato fosse assim, minha força de vontade seria esmagada como um graveto debaixo daquele trem estrondoso. A ingenuidade o protegeu desses pensamentos sombrios.

Acredito que, no meu caso, foi a mesma ingenuidade que me impediu de sentir uma inquietação precoce sobre o que pudesse estar acontecendo dentro do meu filho.

No fim do outono de 1964, quando Jeff tinha 4 anos de idade e ainda vivíamos em Pammel Court, senti um mau cheiro que vinha do vão embaixo da casa. Peguei uma lanterna e um balde de plástico e rastejei sob o alpendre a fim de encontrar o que estava causando um odor tão insuportável. Alguns minutos depois, encontrei uma grande pilha de ossos, os restos de pequenos roedores que tinham, provavelmente, sido mortos pelas civetas que viviam na região. Era o fedor das civetas, parentes próximos dos gambás, que havia empesteado a casa. Estavam usando o espaço debaixo de nossa casa para devorar os animaizinhos que caçavam durante a noite.

Em poucos minutos, reuni todos os restos que pude encontrar. Era uma coleção variada de ossos brancos, secos e completamente desprovidos de carne, uma vez que as civetas os devoraram até limpá-los por completo.

Quando saí de debaixo do alpendre, Joyce e Jeff estavam me esperando. Tão logo me levantei, depositei o balde no chão e comecei a falar com Joyce. Ainda estava falando com ela alguns minutos depois, quando olhei para baixo e vi que Jeff estava sentado no chão a poucos metros de distância. Ele tinha pegado uma boa quantidade de ossos do balde e observava-os com muita atenção. De tempos em tempos, recolhia alguns deles e deixava-os cair, parecendo fascinado pelo ruído crepitante e quebradiço que emitiam. Repetidas vezes, Jeff encheu as mãos de ossos, atirando-os no solo duro até formar um montinho.

Fui até ele, e, quando me abaixei para recolher os ossinhos e jogá-los fora, Jeff jogou outro amontoado de ossos, esperando que tilintassem. Ele parecia estranhamente excitado com o som que faziam. "Parece pega-varetas", disse. Então riu e se afastou.

Nos últimos anos, tenho me lembrado com frequência do semblante de meu filho durante aquela tarde, de suas mãozinhas mergulhadas em uma pilha de ossos. Não consigo mais enxergar esse episódio como uma brincadeira infantil, uma fascinação passageira. Claro, pode não ter sido nada além disso, mas agora preciso ver as coisas de outra maneira, sob uma luz mais macabra e sinistra. Antes, era nada mais que uma doce lembrança do meu menino, mas agora parece um prenúncio de sua ruína; uma lembrança que sempre vem acompanhada de um leve arrepio.

Essa mesma sensação de algo sombrio e tenebroso, de uma força maléfica se apossando de meu filho, colore quase todas as lembranças que tenho de sua infância. De certa forma, ela não existe mais. Tudo foi tomado pelo que ele fez depois de adulto. Por causa disso, não consigo mais distinguir o normal do proibido — eventos triviais de eventos carregados de maus presságios. Aos 4 anos de idade, ele apontou para o umbigo e perguntou o que aconteceria se alguém o cortasse fora. Será que aquela era uma pergunta normal vinda de uma criança que estava começando a explorar o próprio corpo ou era sinal de algo mórbido já corroendo sua mente? E quando, aos 6 anos, Jeff quebrou várias janelas de um prédio velho e abandonado, isso era apenas travessura de garoto ou o indicativo precoce de uma impulsividade destrutiva e sombria? E daquela vez que fomos pescar e ele parecia encantado pelos peixes desentranhados, encarando fixamente as tripas brilhantes e coloridas...? Será que era uma curiosidade normal de criança ou um presságio do horror que depois seria encontrado no Apartamento 213?

Em mim, é claro, a obsessão infantil pelo fogo não levou a nada além da química, de um trabalho vitalício em pesquisa científica. Por isso, o interesse momentâneo de Jeff naqueles ossos podia ser apontado apenas como algo que poderia levá-lo a trabalhar com medicina ou pesquisa médica. Podia tê-lo levado à área ortopédica ou a desenhos anatômicos e esculturas. Podia tê-lo levado à taxidermia. Ou, o que é mais provável, não teria indicado absolutamente nada e, com o tempo, o interesse apenas teria sido esquecido.

Porém, nesse momento, sei que nunca serei capaz de esquecer. Agora, me parece uma sugestão precoce, seja ela verdadeira ou não, da sutil inclinação dos pensamentos do meu filho.

Na época, contudo, mal pensei no acontecido. Por isso, até onde tentei orientar Jeff, pelo menos no que dizia respeito a futuros interesses, minhas sugestões sempre se relacionavam às ciências, especialmente à química.

Logo depois de descartarmos os restos dos animais que eu tinha encontrado no vão debaixo de nossa casa, levei Jeff a um laboratório de química pela primeira vez. Fomos andando, a mão dele na minha enquanto nos movíamos pela estreita estrada de terra que nos levava de nossa casa até o prédio de metalurgia da universidade.

Meu laboratório ficava no terceiro andar, no final de um longo corredor. Isso aconteceu durante um fim de semana, então, pela maior parte do dia, só Jeff e eu estávamos no laboratório. Durante a primeira hora, mostrei a ele o melhor que podia como funcionava meu trabalho, expondo o que, para mim, resumia a magia da química. Fiz o teste de ácido-base com papel de tornassol[2] e Jeff observou atentamente como o papel se tornava vermelho ou azul. Ele encarou pensativo um béquer de fenolftaleína se tingir de rosa-escuro após receber amônia à solução. O clique contínuo do contador Geiger[3] o divertiu.

Entretanto, ao mesmo tempo, Jeff não fez perguntas, e parecia meio indiferente à atmosfera do laboratório. Era um passeio, nada mais, e quando terminou ele não parecia mais interessado nas mecânicas da ciência do que estaria com uma

---

[2] Papel indicador embebido em tintura solúvel que, ao entrar em contato com determinada solução, torna-se vermelho em condições de baixo pH e azul em condições de alto pH. [NE]

[3] Aparelho usado para medir níveis de radiação em corpos e ambientes. [NE]

apresentação de luzes ou de fogos de artifício. Era só uma criança apreciando a companhia do próprio pai, e quando nosso tempo no laboratório chegou ao fim e voltamos andando pela estrada de terra, ele caminhava ao meu lado com a mesma energia divertida que tinha mostrado no início do dia. Não havia a menor sugestão de que tivesse sentido o mais passageiro interesse em qualquer uma das coisas que eu havia mostrado. Nada naquela vasta seleção de equipamentos laboratoriais, nada nas paredes repletas de garrafas com substâncias químicas, nada nos armários reluzentes de tubos de ensaios, béqueres e ampolas, nada, absolutamente nada havia conseguido cativá-lo tanto quanto o poder de ossos velhos que pareciam um jogo de pega-varetas.

Durante o ano seguinte, enquanto eu lutava para terminar meu doutorado, vi Jeff crescer e se tornar uma criança cada vez mais animada. Ele continuava muito brincalhão, mas suas brincadeiras tinham passado a ter um padrão bem definido. Ele não se interessava por jogos competitivos ou que envolvessem contato físico. Ele não gostava de brincar de lutinha ou cometer outros atos de agressividade infantil. Em vez disso, preferia jogos que não envolvessem confronto, que tivessem regras claras e que fossem compostos por uma série de ações repetitivas, especialmente aqueles em que um se escondia e outro precisava persegui-lo, como esconde-esconde, chuta a lata e "fantasma no cemitério".[4]

---

4 Brincadeira infantil, muito parecida com o esconde-esconde, em que um grupo de crianças elege um "fantasma" e ele precisa se esconder do resto do grupo. Costuma ser brincada ao ar livre. [NT]

Às vezes, ao voltar para casa do laboratório, com a intenção de comer alguma coisa antes de retornar ao trabalho, conseguia ver Jeff escondido atrás de uma árvore ou de algum arbusto. Nesses momentos, ele parecia totalmente concentrado, então eu fazia o possível para não distraí-lo, nem o chamava pelo nome ao sair de casa. Em vez disso, eu o deixava para lá, comia e partia alguns segundos depois, absorvido por minha própria obsessão que, talvez, não fosse menos intensa que a dele.

De volta ao laboratório, eu mergulhava no meu trabalho. Nunca tinha sido um ótimo aluno. O que outras pessoas conseguiam fazer rapidamente, sempre me tomava muito mais tempo. Mas eu perseverava, era proativo e trabalhava duro. Para mim, se eu não me esforçasse ao máximo, precisaria enfrentar o fracasso. Outras pessoas pareciam ter visões brilhantes e criativas, momentos de iluminação repentina, porém, eu só podia contar com o poder da minha própria força de vontade.

Durante a época em que estive em Pammel Court, exercitei essa força ao máximo. Meu doutorado se tornou, literalmente, minha vida. Eu não conseguia pensar em mais nada. Era inevitável que outras partes da minha vida fossem ficando meio desfocadas. Joyce ficou totalmente embaçada. Jeff também.

Eu o via em breves momentos, um menino correndo de um cômodo para outro ou comendo na mesa da sala de jantar. Eu o sentia de forma fragmentada — em um abraço curto quando chegava ou saía. Falava com ele por meio de breves saudações e despedidas que eu atirava sobre o ombro sempre que deixava a casa. O doutorado assomava sobre mim como uma enorme montanha. Todo o resto parecia pequeno.

Mas Jeff não era pequeno. Ele estava ficando cada vez maior a cada dia que passava. Mesmo assim, mal o vi crescer, tive um mero vislumbre das mudanças que o consumiam. Assim, foi só quando Jeff adoeceu que fui levado a dar uma parada completa.

As doenças que haviam atormentado Jeff durante a primeira infância foram sumindo conforme ele crescia. Meu filho parecia saudável e robusto, uma criança normal em todos os sentidos. Mas então, de repente, sofremos um golpe.

Um dia, na primavera de 1964, Jeff começou a reclamar sobre um desconforto na região da virilha. Esse desconforto piorou e um pequeno calombo apareceu em sua bolsa escrotal. Nós o levamos depressa ao médico, que o diagnosticou, subsequentemente, como sofrendo de uma hérnia inguinal dupla. Ele explicou que essa hérnia era resultado de um defeito de nascença, por isso uma cirurgia deveria ser feita para corrigir o problema.

A cirurgia foi agendada para a semana seguinte, e, enquanto Joyce e eu dávamos nosso apoio, Jeff escolheu seu animal de pelúcia favorito, um cachorro orelhudo e esfarrapado, com o qual dormia desde os 2 anos de idade, para acompanhá-lo ao hospital.

A operação foi realizada logo depois, e, quando terminou, Jeff foi levado ao quarto onde, por várias horas, permaneceu sedado. Quando despertou, é claro, estava sentindo muitas dores. Tanta dor, descobri depois, que Jeff havia perguntando a Joyce se os médicos haviam cortado fora seu pênis.

Ele ficou internado no hospital por vários dias e, mesmo após voltar para casa, a recuperação parecia lenta demais. Jeff permanecia no sofá da sala de estar por longas horas, o corpo enrolado em um grande roupão de banho xadrez. Naquele período, ele se movia lentamente, com cuidado, como um idoso. A ebulição, a vivacidade e a energia que haviam marcado sua infância pareciam ter sido drenadas.

Durante a recuperação, um certo embotamento afetivo pode ser esperado. Mas em Jeff esse achatamento emocional parecia ter se tornado algo permanente. Ele parecia menor, mais vulnerável e, principalmente, muito mais triste do que jamais estivera antes.

Por volta do outono de 1966, quando nosso tempo em Pammel Court estava chegando ao fim, essa estranha e sutil escuridão interior começou a aparecer de forma física. O cabelo de Jeff, que antes havia sido tão claro, escureceu progressivamente; assim como seus olhos. Mais do que qualquer coisa, ele parecia ter se fechado; era capaz de ficar sentado em silêncio por longos períodos, quase sem se mover, o rosto estranhamente imóvel. Agora, quando observo as fotografias de meu filho nessa idade, não consigo deixar de imaginar que formas estranhas estavam se moldando em sua mente; que ideias bizarras o confundiam; e que fantasias vagas podiam, inclusive, tê-lo assustado, mas parecido impossíveis de conter. Nas fotos, só consigo ver uma criança brincando no jardim ou sentada em silêncio com o cachorro; mas sempre me pergunto se, uma vez que meu filho fez o que fez, já não estava se afundando em um mundo invisível para mim. Sempre me pergunto se, para o meu filho, o mundo de monstros que outras crianças estavam abandonando só crescia e se tornava hediondamente mais populoso com o passar de cada dia.

Quanto a mim, eu só enxergava uma criança calma que, após deixarmos Pammel Court, parecia mais reservada que antes, mais introvertida, menos aberta a abrir um sorriso gentil e espontâneo. É possível que eu não tenha visto nada além disso porque eu não estava prestando atenção no meu filho. Às vezes, pelo canto dos olhos, eu o via enquanto, sentado no sofá, encarava impassível a tela brilhante da televisão. Não consigo me lembrar da expressão no rosto dele ou me lembrar da luz presente em seus olhos. Não consigo me lembrar quando foi que aquela luz anterior começou, pouco a pouco, a se apagar. Por isso, eu não estava lá quando ele começou a afundar em si mesmo. Eu não estava lá para sentir, se isso fosse possível, que estava partindo em direção a um reino inimaginável de fantasia e isolamento que eu levaria quase trinta anos para descobrir. E, mesmo assim, isso podia estar acontecendo naquele exato momento, no momento em que eu engolia meu jantar às pressas e passava por ele em direção à porta, reconfortado pela ideia de que eu era o único membro da família que precisaria sair e enfrentar a noite.

Recebi meu título de doutor no mês de outubro de 1966, e, um mês depois, consegui meu primeiro emprego como pesquisador químico em uma grande empresa na região de Akron, Ohio. Mudamo-nos, então, para uma casinha em Doylestown, um duplex de estilo colonial com quatro colunas brancas na fachada, a maior casa em que já havíamos vivido até então.

Joyce estava grávida de novo, uma gestação que exibia os mesmos problemas de antes. Os ruídos a incomodavam outra vez, e ela estava sempre nervosa, insone e irritável. Ela tomava

.51

de dois a três comprimidos de Equanil[5] por dia para melhorar sua condição. No entanto, eles pouco ajudavam, por isso a dosagem precisou ser aumentada para três a cinco comprimidos diários. Mesmo assim, não notávamos melhora. O nervosismo continuava e, com ele, Joyce passou a ficar cada vez mais retraída, até que, por volta do nascimento de David, em dezembro de 1966, nós já não tínhamos qualquer vida social.

Durante todo aquele período, é claro, passei a maior parte do meu tempo no emprego. No laboratório, mais uma vez, encontrei o conforto e a segurança que precisava, através do conhecimento das características das coisas, e sobre como poderiam ser manipuladas em padrões previsíveis. Era um imenso alívio em comparação ao caos que vivia em casa, com a instabilidade emocional de Joyce, suas mudanças de humor. O laboratório era meu abrigo de tempestades, então é provável que eu tenha passado a trabalhar muito mais horas por causa disso.

Quanto a Jeff, ele tinha entrado na primeira série do ensino fundamental, na Harvey Elementary School de Doylestown, mas o fizera com certa relutância. Um estranho receio penetrara em sua personalidade, o medo de outras pessoas combinado à falta de autoconfiança. Era quase como se esperasse que as outras pessoas fossem machucá-lo de alguma maneira, por isso preferia se manter longe delas.

---

[5] Nome comercial da substância meprobamato, que é utilizada como ansiolítico e possui propriedades hipnóticas, calmantes e relaxantes musculares. [NE]

Sem dúvida, nossa mudança de Pammel Court teve um papel na mudança de temperamento de Jeff. Talvez fosse porque achamos melhor deixar nosso gato para trás, ou talvez porque ele já estivesse desenvolvendo uma certa resistência a mudanças, uma necessidade de sentir a segurança de estar em um lugar familiar. Certamente, a perspectiva de ir à escola o enervava e assustava. Jeff já assumia traços da timidez que, posteriormente, seria um detalhe permanente de seu caráter. Até sua postura se tornara mais rígida; estava sempre muito ereto, como se em posição de sentido, os dedos pressionados contra as laterais das pernas.

Lembro-me até hoje do terror estampado no rosto dele na manhã daquele primeiro dia de aula. Jeff parecia mudo, seus traços congelados e estáticos. O garotinho que antes era tão feliz e autoconfiante havia desaparecido. Ele tinha sido substituído por outra pessoa, alguém diferente, profundamente tímido e distante, quase incomunicável.

Essa foi a criança que começou a estudar na Hazel Harvey Elementary School, no outono de 1966. Não foi surpresa para mim quando, no mês seguinte, ao encontrar com a professora da primeira série, sua descrição de meu filho fosse sobre essa nova pessoa que ele havia se tornado. A senhora Allard, uma professora muito empática, disse-me que Jeff a havia impressionado por ser tão recluso e exageradamente tímido. Ele era muito educado e seguia todas as suas instruções, mas também havia lhe dado a impressão de uma profunda tristeza. Meu filho não interagia com nenhuma das crianças. Embora fizesse o trabalho exigido, sempre o fazia sem interesse, como uma mera tarefa que precisasse ser realizada. Ele não participava das conversas das outras crianças. Não respondia às tentativas casuais de aproximação que faziam e tampouco se interessava em retribuí-las. Durante o recreio, ficava sempre sozinho, apenas andando pelo pátio, fazendo o que a professora descrevia como "nada".

Claro que, para mim, tudo isso estava ligado ao fato de termos nos mudado para uma casa diferente, em outra vizinhança e em um novo estado. Já tinha ouvido histórias sobre crianças que haviam ficado brevemente desorientadas devido a mudanças abruptas, tendo sido retiradas de ambientes familiares e jogadas em locais que lhe pareciam estranhos. A melancolia que enxergava no comportamento de Jeff me parecia uma reação perfeitamente comum. Para mim, meu filho apenas não era muito bom em se adaptar a novas circunstâncias, uma falha que dificilmente poderia ser tida como fatal.

Ainda assim, a timidez e o isolamento de Jeff eram sérios o suficiente para que uma medida fosse tomada. Quanto à professora, ao concluirmos nossa reunião, ela me assegurou que faria tudo que pudesse para que Jeff se soltasse um pouco, fazendo o possível para integrá-lo à comunidade escolar.

A caminho de casa naquela noite, refleti sobre minha própria timidez. A mim parecia que o comportamento de Jeff, ao longo daquelas semanas, se assemelhava ao meu próprio comportamento, que era parecido quando eu me via em situações ou locais desconhecidos. Quando menino, eu era muito tímido, exatamente como ele. Todo ano, temia o momento de mudança de série, mesmo que não houvesse qualquer mudança de prédio ou que continuasse na mesma sala de crianças que já conhecia. Era como se algum elemento da minha personalidade ansiasse por uma previsibilidade completa, uma estrutura deveras rígida. A mudança, fosse ela boa ou má, me causava medo, era algo a ser evitado. Sendo um menino estranho e inseguro, perseguido pelo meu grave senso de inadequação, eu concebia o mundo como algo hostil e suspeito, um lugar que às vezes me confundia e, por causa disso, passei a olhá-lo com um grave senso de inquietude.

Era como se eu não conseguisse entender bem as conexões sociais que outras pessoas pareciam compreender tão fácil. As sutilezas da vida social estavam além do meu alcance. Quando as crianças gostavam de mim, eu não entendia o porquê. Quando não gostavam de mim, eu também não entendia o porquê. Tampouco conseguia formular um plano para conquistar a afeição delas. Eu simplesmente não tinha ideia de como as coisas funcionavam com as outras pessoas. Tudo parecia muito aleatório e imprevisível em suas ações e atitudes. Assim, por mais que eu tentasse, não encontrava um jeito de deixar as pessoas menos estranhas e incognoscíveis. Por causa disso, o mundo social parecia vago e ameaçador. Então, quando garoto, eu me aproximava sempre com ausência de confiança; por vezes, até mesmo com pavor.

Após observar Jeff, perceber seu medo de ir à escola, sua estranheza e falta de amigos, acreditei que ele pudesse ter herdado de mim esse mesmo medo. Justamente por ter vivido isso antes dele, eu compreendia sua situação e acreditava que a entendia. Eu já havia me familiarizado com esse medo, ele tinha se tornado menos terrível, e, ao longo dos anos, pude criar uma vida que funcionava mais ou menos como a de todo o mundo. Consegui estudar. Tive uma família e mantive um emprego. Apesar do medo, dos sentimentos de inferioridade, da timidez incapacitante, de todas as inseguranças que me afligiram quando eu era apenas um garoto — e que ainda me acompanharam na vida adulta—, eu estava vivendo uma vida normal. Por isso, quando observei essas mesmas características em Jeff, elas não me pareceram particularmente perigosas ou assustadoras. Afinal, eu já havia sido atormentado pelos mesmos sentimentos que o torturavam, mas tinha aprendido a lidar com eles, e, finalmente, a superá-los. Já que, ao longo dos anos, eu tinha aprendido a conviver com isso, não havia motivo para que meu filho não conseguisse a mesma proeza.

Hoje sei o quanto estava errado, que a condição de Jeff era muito mais grave que a minha. Enquanto eu sofria de timidez, Jeff sofria de um isolamento total. Enquanto eu havia conhecido o poder de um estranho fascínio, Jeff estava caminhando para as garras de uma profunda perversidade. Agora, sempre que observo as fotografias daquela época, imagino tudo o que estava se formando por trás daqueles olhos. Também me pergunto se haviam sinais visíveis de tudo aquilo. Será que eu poderia ter percebido, se tivesse sido mais atento? Será que eu teria conseguido discernir o que vislumbrei, ou teria apenas dispensado aquilo sob o rótulo de "coisas de criança" e deixado para lá, esperando que a vida adulta trouxesse uma cura para o que tivesse pressentido, embora não entendesse com clareza? Será que havia alguma forma de salvar meu filho daquelas presas que estavam começando a devorá-lo?

Sempre que me faço essas perguntas, inevitavelmente, uma memória retorna. Pouco tempo depois de deixarmos Pammel Court, enquanto eu dirigia do trabalho de volta para casa, vi Jeff sozinho na beira do gramado. Tinha chovido e ele estava vestindo um casaco de inverno e um gorrinho. Conforme me aproximei, pude ver que ele estava balançando, de braços para o alto, enquanto a cadela, Frisky, latia alto e corria em círculos ao redor dele. Por um momento, pensei que estivessem brincando juntos, mas, assim que estacionei na entrada, percebi que Jeff estava afundando na lama do gramado e tentava desesperadamente sair dali. Ele soluçava, lágrimas cascateando pelas bochechas, e pude perceber que seu medo de ser sugado ou engolido pela terra era tão grande que havia causado um ataque de pânico.

Corri para ele o mais rápido que pude, libertando-o da lama e segurando-o em meus braços. Vi seu rosto se iluminar de alegria com a sensação de ter sido salvo. Ele sorria e chorava ao mesmo tempo, todo o seu ser invadido pelo imenso alívio de saber que alguém, enfim, havia percebido seu sofrimento e conseguira resgatá-lo daquele buraco. Ele se encostou em mim, os braços apertados ao redor do meu pescoço, e aproximou o rosto do meu. Ainda posso me lembrar da doçura em seu hálito, da imensa gratidão que vazava de seus olhos.

Sei agora o que meu filho deve ter sentido naquele momento. Seu pai o havia resgatado de um destino terrível e, talvez, em sua jovem mente, Jeff tenha acreditado que eu sempre seria capaz de perceber o perigo e o salvaria dele.

Mas a parte de Jeff que mais corria perigo era invisível a meus olhos. Eu só podia ver os aspectos de seu caráter que ele escolhia mostrar, aqueles que lembravam algumas de minhas próprias características — a timidez, a passividade, a tendência a evitar conflitos. Como a maioria dos pais, eu suponho, cheguei até mesmo a sentir certo conforto, até mesmo uma centelha de orgulho, em pensar que meu filho era um pouquinho como eu.

Mudamo-nos novamente quando Jeff tinha 7 anos de idade, desta vez para uma casa alugada, em Barberton. Imaginei que ele aprenderia a lidar com isso. Meu filho se sentiria desorientado de novo, mas, na minha opinião, aprender a lidar com mudanças era uma lição em si. Afinal, mudar fazia parte da vida. Algo que ninguém podia evitar. Ao mudarmos de casa mais uma vez, Jeff estaria apenas recebendo outra lição sobre como aprender a se adaptar.

É claro que, naquela época, Jeff tinha de se adaptar com algo mais que um novo lugar no qual morar. Vários meses antes, havia nascido nosso segundo filho, David.

Diferente de Jeff, David passou por um problema em seus primeiros meses de vida. Ele sofria de cólicas e mantinha Joyce e eu acordados — noite após noite. Isso só aumentou a tensão que já estava se construindo entre nós, tornando tudo consideravelmente mais complicado.

Esse problema se potencializou com o fato de Joyce ter entrado em um quadro de depressão aguda. Ela estava nervosa ao extremo e passava a maior parte do tempo na cama.

Por estar nessas condições, a maior parte das tarefas domésticas e cuidados com as crianças caía sobre mim. Por causa disso, passei a levar Jeff cada vez menos à igreja, até que, por fim, decidi que poderia alcançar satisfação espiritual apenas realizando minhas leituras em casa. Algumas das tarefas domésticas, contudo, eram muito prazerosas, como, por exemplo, as caminhadas de três quilômetros que Jeff e eu fazíamos com Frisky para comprar ovos de fazenda, que depois cozinhávamos para o café da manhã. Além disso, nas tardes de sábado, Jeff e eu dirigíamos até Ohio, próximo de Barberton, para tomar nossas vacas-pretas de chocolate,[6] hábito que mantínhamos desde Ames, Iowa.

Por outro lado, meu relacionamento com Joyce era cada vez menos agradável. Embora ainda discutíssemos muito, nossas brigas não ultrapassavam os limites do normal. Não gritávamos mais um com o outro. Não atirávamos coisas. Brigávamos e, depois, abandonávamos o campo. Mas ainda havia bons momentos entremeados entre os maus, por isso era tão difícil para mim admitir que nosso casamento estava saindo dos trilhos.

Dave tinha 5 meses de idade quando nos mudamos para Barberton. Era abril de 1967, e ele dormia tranquilamente nos braços de Joyce enquanto dirigíamos para a nova casa. Jeff, por sua vez, estava sentado no banco de trás, impassível, nem excitado nem amedrontado, como se sua capacidade emocional estivesse diminuindo. A intensidade de seus sentimentos

---

[6] Bebida doce, feita a partir da mistura de sorvete de creme e refrigerante, que fez muito sucesso entre as crianças e adolescentes nas décadas de 1960 e 1970. [NE]

parecia ter se estabilizado. Ele parecia mais passivo, um comportamento que mostrava uma estranha resignação, algo que se tornaria a principal característica de sua personalidade.

Já em Barberton, consigo me lembrar de Jeff e Frisky brincando no quintal da casa nova, meu filho usando jeans e uma camiseta listrada. Em alguns momentos, parecia ter voltado a assumir seu antigo comportamento despreocupado e animado, como era em Pammel Court. Pouco depois de nos mudarmos para a nova casa, ele fez amizade com um garotinho que vivia na casa atrás da nossa. O nome dele era Lee. Jeff e o amigo passavam a tarde brincando. Em outubro, eles saíram para pedir travessuras e gostosuras juntos. Joyce os serviu um pouco de "ponche de bruxa", raspadinhas de laranja e refrigerante de gengibre, e então os dois saíram por todo o bairro, vestidos de diabinhos e marchando de casa em casa. Antes de saírem, os dois meninos posaram para uma foto, ambos sorrindo, radiantes em suas fantasias.

Na fotografia, Jeff está à esquerda, e não há qualquer sugestão de que, nos próximos anos, sua vida vá divergir radicalmente da de qualquer outro menino. Ele parece relaxado, feliz, totalmente à vontade com seu novo amigo.

Já olhei essa foto muitas e muitas vezes. Não há, ali, o menor indício de que, em apenas alguns anos, meu filho acharia tão difícil se aproximar de outro ser humano que ficaria à espreita de um atleta que achara atraente, armando uma emboscada no meio de arbustos, com um taco de beisebol na mão, com a intenção de usá-lo para deixar o jovem desacordado a fim de que pudesse "se deitar com ele", como afirmaria depois — se deitar com um corpo inconsciente. Na fotografia, não há o menor indício de que estava desenvolvendo um pavor tão grande de pessoas, sentindo-se tão intimidado por sua presença, que para ter qualquer contato com elas, meu filho precisaria que estivessem mortas.

Até hoje, quando penso em tudo o que aconteceu, sempre me pergunto se teria sido possível mudar o curso das coisas. Claramente, havia vislumbres de afeição, de algo gentil e infantil que rompia a máscara da distância e introspecção. Houve até um momento, quando Jeff estava na terceira série, em que ele tentou se aproximar de uma pessoa que não estava em nosso círculo familiar.

A moça era uma auxiliar de professora, e não sei a exata natureza da relação deles, apenas que Jeff desenvolveu um carinho por ela. Talvez ela tenha se tornado amiga dele de alguma maneira. Talvez tenha tentado ultrapassar o isolamento e a sensação de que havia um problema ali usando uma abordagem melhor que a minha ou a de Joyce. Talvez não tenha sido nada mais que um sorriso ou um toque casual, algo que atingiu Jeff como uma coisa fantástica e deliciosa.

Anos depois, quando perguntei a ele por que tinha se aproximado dessa mulher em especial, ele respondeu com pouco mais que um encolher de ombros. "Ela era legal comigo, eu acho", disse, naquele tom monocórdico e sem vida que tinha se tornado sua voz. Ele não se lembrava do nome dela e tampouco o que havia feito para que gostasse mais dela que de qualquer outra professora. Foi como se não tivesse sido nada mais que uma sombra passageira, moderadamente agradável, mas sem qualquer importância.

Então, eu nunca saberei o que havia naquela mulher para que Jeff reagisse a ela. Só sei que ele reagiu, que se aproximou, fez um pequeno e desengonçado gesto na direção de outro ser humano.

Foi um mero presente de criança, um pote de girinos que Jeff havia pegado em um riacho no campo logo atrás da U. L. Light School, onde ele, Frisky e eu costumávamos perambular e jogar basquetebol aos sábados e, às vezes, depois do trabalho. Jeff a presenteou inocentemente, como uma expressão de seu afeto. Depois, contudo, descobriu que ela havia entregado o pote de girinos para Lee. Mais tarde, por vingança, Jeff se esgueirou até a garagem do amigo, encontrou o pote de girinos e derramou óleo de motor na água, matando cada um deles.

Até onde sei, esse foi o primeiro ato de violência cometido por meu filho. Um dos fios que o seguravam no lugar escorregou da trava de segurança e, por um momento fugaz, a versão sombria de Jeff, aquela que estava crescendo conforme meu próprio filho envelhecia, de repente emergiu na figura de um garotinho despejando óleo de motor em um monte de girinos.

Nos anos seguintes, aquele lado obscuro cresceria e se tornaria ainda mais poderoso dentro de meu filho, até que, enfim, se conectasse ao brotar de sua sexualidade. Então, depois disso, ele o consumiria por inteiro.

CAPÍTULO .03

Eu ainda me lembro da minha primeira fantasia sexual. Na época, eu devia ter uns 10 anos de idade e passava muito tempo lendo *Ferdinando*.[1] Durante a leitura, fiquei obcecado pelas mulheres robustas e voluptuosas que apareciam na tirinha. Na minha fantasia, sonhava que uma delas me segurava em uma espécie de abraço sexual. Não era sexo, não exatamente, mas sei que tinha a ver com sexo. Sei também que as personagens daquele quadrinho, e não pessoas reais, tinham sido os meus primeiros objetos genuínos de desejo sexual.

Nos anos seguintes, tudo viria a mudar, e minhas fantasias se voltariam para objetos de desejo mais previsíveis, mulheres extremamente belas que via em revistas, cantoras famosas e atrizes de cinema. Meu imaginário seria considerado, na falta de uma palavra melhor, "normal", e eu passaria a sonhar

---

[1] Um dos maiores sucessos dos quadrinhos norte-americanos. Criado pelo cartunista e escritor All Capp, *Ferdinando* trazia a história de uma família caipira dos Estados Unidos, com tramas recheadas de humor e fortes críticas sociais e políticas. [NE]

com a garota loira que vivia na minha rua, minha sexualidade finalmente adquirindo aspectos mais ricos e maduros, que possibilitariam uma ligação amorosa.

Às vezes, quando lembro de Jeff aos 9 ou 10 anos de idade, me pergunto se ele já caminhava em direção a alguma fantasia que houvesse surgido do nada, mas que lentamente estivesse começando a residir de forma perpétua em sua mente. Numa avaliação psiquiátrica que li, meu filho dizia ter tido suas primeiras fantasias sexuais por volta dos 14 anos, mas notei mudanças nele muito antes que chegasse nessa idade, por isso tenho dificuldade de acreditar que algumas ideias tenebrosas, mesmo que vagas e indefinidas, já não estivessem se formando dentro dele.

Em primeiro lugar, sua postura, a forma como se portava, mudou radicalmente entre os 10 e os 15 anos. O menino ágil desapareceu e foi substituído por uma figura rígida e inflexível. Ele parecia viver em uma tensão constante, o corpo sempre muito ereto. Quando andava, os joelhos pareciam travados. Por causa disso, suas pernas ficavam enrijecidas de tal maneira que os pés só arranhavam o chão; era como estivesse arrastando-os consigo em vez de sendo levado por eles.

Por incrível que pareça, Jeff se tornou ainda mais tímido naquela época; por isso, quando se aproximava de outras pessoas, ficava demasiadamente tenso. Chegava a procurar, inclusive, algum galho ou pedaço de grama para enrolar entre os dedos, como se não soubesse o que fazer com as mãos. Era quase como se não pudesse confrontar outra pessoa se não estivesse segurando alguma coisa; algo que o ancorasse na terra — ou uma arma.

Jeff saía cada vez menos de casa, estava sempre sozinho no quarto ou assistindo televisão. Na maior parte do tempo, seu rosto não exibia qualquer expressão e passava a ideia de alguém que não era capaz de fazer nada exceto ficar jogado por aí, sem qualquer propósito ou compromisso.

Tentei diversas vezes tirá-lo do que via como um atoleiro de inatividade, mas sempre que fazia isso descobria que seus interesses continuavam limitados e incoerentes; Jeff era incapaz de fazer alguma coisa por muito tempo. Ele chegou a tentar jogar futebol ou tênis, por exemplo, mas sempre desistia logo.

Vivíamos em uma área bastante arborizada, por isso, depois do tênis e do futebol, que não haviam conseguido encantar Jeff, pensei que talvez preferisse um passatempo mais solitário. Comprei a ele um arco e flecha profissional, montei um alvo em um dos campos mais amplos ali perto e o ensinei como atirar. No início, Jeff parecia bem interessado no esporte, e chegamos até mesmo a atirarmos juntos. Mas, novamente, seguindo um padrão muito previsível, ele logo perdeu o interesse, e o arco e flecha ficou jogado no fundo do guarda-roupa enquanto Jeff continuava largado na cama ou andando sem rumo pela casa.

Por volta dos 12 anos de idade, ele já tinha desistido de todas as coisas que jovens garotos gostam de fazer na pré-adolescência. Ele não ligava para esportes, muito menos para atividades acadêmicas, como kits de química ou de biologia. E embora uma viagem com os escoteiros para o Novo México tenha chamado sua atenção na época, logo que voltou para casa Jeff não fez o menor esforço para continuar frequentando o clube de escoteiros.

Quando chegou aos 15 anos de idade, meu filho já tinha abandonado quase tudo que eu apresentara a ele. Como sempre, Jeff ainda era muito tímido, mas agora tinha muito menos autoconfiança.

Nessa época, descobri que eu era capaz de me identificar, pelo menos até certo ponto, com a situação de Jeff. Eu reconhecia nele certas características da minha própria juventude. Já tive momentos de me sentir excluído, sobretudo quando meus amigos começaram a namorar. Assim como meu filho, eu também era meio introvertido.

Mas, diferente de mim, Jeff parecia incapaz de ter quaisquer interesses. Ele nunca havia lido nada que não tivesse sido exigido pela escola, com exceção de ficção científica e um livro de Alfred Hitchcock chamado *Horror Stories for Children*.[2] Ainda que tivesse participado da banda da escola por um tempo, Jeff não tinha qualquer interesse em música, muito menos em arte. Pior ainda, ele não se interessava por outras pessoas. E mesmo que tivesse feito um amigo no nosso bairro, Greg, de quem havia sido muito próximo até se distanciarem, por volta dos 15 anos de idade, ele nunca havia tido qualquer relação com seus colegas de escola.[3]

---

[2] O livro escrito por Hitchcock, na verdade, se chama *Ghost Story for Young People*, então pode ter ocorrido uma confusão do autor ao citar a obra lida por Jeffrey Dahmer na adolescência. [NE]

[3] Para melhor análise das relações de Jeffrey Dahmer no ambiente escolar, é recomendada a leitura da Graphic Novel *Meu Amigo Dahmer*, lançada em 2017 pela DarkSide® Books, escrita por Derf Backderf — que foi colega e amigo de Dahmer durante a década de 1970. [NE]

Por causa de tudo isso, era muito fácil comparar minha pré-adolescência com a de Jeff. Finalmente, lembrei-me de que, em determinado ponto de minha juventude, encontrei algo que me ajudou a sair desse estado de timidez e colaborou na construção da minha autoestima. Achei que essa estratégia também pudesse funcionar para Jeff.

Sugeri que fizesse musculação. Acreditava que, se ele melhorasse sua aparência física, poderia se tornar menos retraído socialmente. Aquilo havia funcionado para mim, por isso eu tinha esperanças de que acontecesse o mesmo com ele.

Certa tarde, mencionei a ideia para Jeff, que se interessou de imediato. Alguns dias depois, voltei para casa com um Bullworker, equipamento para exercícios isométricos, e mostrei a ele como se usava. Enquanto escutava as instruções, Jeff parecia mais interessado do que nunca.

Assim, nas semanas seguintes, tive alguns vislumbres de Jeff deitado no chão de seu quarto, parecendo bastante compenetrado, enquanto se exercitava com o Bullworker que eu havia trazido. Em outros momentos, a porta do quarto estava fechada, mas eu podia ouvir sua respiração resfolegante por trás dela, enquanto bombeava furiosamente seu novo brinquedo.

Ainda que o Bullworker tenha mantido Jeff ocupado por um bom ano e tenha fortalecido a parte superior de seu corpo, bastante desenvolvido para seus 16 anos, pouco depois o aparelho também foi deixado de lado, assim como a raquete de tênis, a bola de futebol e o arco e flecha que se empilhavam no armário escuro de Jeff.

Agora, sempre que lembro dessas coisas descartadas, elas assumem um significado metafórico muito profundo para mim. Elas são as últimas, pequenas e ineficazes, oferendas que fiz a meu filho na esperança de vê-lo construir uma vida normal. Quando as recordo, elas me parecem artefatos de uma vida destruída, curiosidades unidas por nada mais que uma tristeza profunda e permanente. Afinal, o Jeff que poderia ter se interessado por elas já tinha desaparecido.

Assim, ao longo dos anos que se seguiram, em vez de buscar novas atividades e hobbies que eu, ingenuamente, havia ofertado a ele, meu filho encontrou seus próprios interesses. De forma progressiva, e sem meu conhecimento, seu fascínio por ossos acabou se tornando uma obsessão adolescente. Como descobri no julgamento de fevereiro de 1992, ele havia passado a perambular pelas ruas de nosso bairro, sempre de bicicleta, munido de vários sacos plásticos de lixo com os quais recolhia restos de animais que encontrava no caminho. Jeff reunia todos esses cadáveres e criava seu próprio cemitério. Ele esfolava esses animais atropelados, separando a carne decomposta de seus corpos, chegando até mesmo a enfiar a cabeça de um cachorro morto em uma estaca.

Quando ouvi essas coisas pela primeira vez no julgamento, me perguntei por que ninguém havia mencionado esses incidentes para mim antes. E o mais intrigante de tudo: como é que não percebi as evidências? Muitos meses depois do julgamento, descobri que o tal "cemitério" ficava em um pequeno morro no meio da floresta, dentro da propriedade de um vizinho, do lado oposto da estrada, e que a cabeça empalada de cachorro tinha sido deixada em uma área de reserva, ao sudoeste de nossa propriedade, duas casas vizinhas de distância.

Nesse período, Jeff foi se tornando cada vez mais passivo, cada vez mais solitário, mais inexpressivo e isolado. Ele não tinha qualquer amigo. Ele não formava nenhum relacionamento, exceto os mais casuais e convenientes. No mundo fora de sua mente, tudo lhe parecia monótono e plano, seus diálogos se resumindo a respostas monossilábicas que, muitas vezes, mal podiam ser ouvidas. O rapaz que se sentava à minha frente na mesa de jantar, o rosto agora coberto por um par de óculos, de olhos opacos e boca imóvel e rígida, já estava à deriva, em um mundo de pesadelos povoado de fantasias inimagináveis.

Nos anos que viriam, essas fantasias passariam a consumi-lo. Ele seria atormentado por visões de assassinato e desmembramento. Os mortos e sua rigidez cadavérica se tornariam os principais objetos de seu desejo sexual. Cada vez mais, enquanto adolescente, sua inabilidade de falar sobre essas ideias estranhas e inquietantes romperiam todas as conexões com o mundo fora dele mesmo.

Porém, a única coisa que notei durante a adolescência de meu filho foi seu progressivo retraimento e desconexão com o mundo. Ele fazia apenas o que era obrigado a fazer e não tinha qualquer ambição ou interesse. Enquanto outros jovens tinham planos de ir à universidade ou já sonhavam com suas carreiras, Jeff permanecia alheio a tudo. Ele nunca conversou comigo sobre seu futuro e hoje sei que é porque talvez ele acreditasse que nunca teria um. Em todas as situações, meu filho parecia completamente desmotivado, às vezes até inerte, e posso apenas imaginar que, dada a natureza inominável das visões e dos desejos que passaram a dominá-lo naquela época, Jeff deve ter passado a se enxergar como alguém excluído da comunidade humana, fora de tudo o que é normal e aceitável, do que poderia ser aceito. Pelo menos para si próprio, ele já era um prisioneiro e já estava condenado.

Contudo, as manifestações da degradação emocional e espiritual de Jeff eram sutis, pelo menos quando comparadas à profundidade daquele abismo. Ele não gritava durante o sono, não falava frases desconexas, não passava por momentos catatônicos. Ele não via ou ouvia coisas que não estavam lá. Ele nunca teve explosões súbitas de raiva, nunca sequer levantou a voz — nem de medo, nem de ódio. Se tivesse feito qualquer uma dessas coisas, talvez eu tivesse pressentido parte de sua loucura, e, tendo sido assim, talvez pudesse não só tê-lo salvo, como também todos os outros que meu filho destruiu.

Mas, em vez de demonstrar abertamente qualquer sinal de doença mental, Jeff foi apenas se tornando mais silencioso e fechado. Nossas conversas se resumiam a sessões de perguntas e respostas, quase interrogatórios. Não eram diálogos, de maneira alguma. Não havia comunicação, não havia debate, nenhuma informação era dada ou recebida. Ele nunca discutia, mas também nunca parecia concordar totalmente com coisa nenhuma. Era como se nada importasse para ele, nem a escola, nem as relações sociais existentes fora dela. E, ainda assim, tampouco isso se manifestava como um ato de rebeldia. Rebelar-se exigiria uma certa quantidade de crença, uma expressão de suas convicções pessoais. Jeff estava acima de qualquer rebeldia e não tinha convicção alguma. Às vezes, quando eu o via sozinho no quarto, ou sentado na frente da televisão, me parecia que ele não era sequer capaz de pensar.

Mas agora sei no que ele estava pensando naqueles momentos em que sua expressão assumia um olhar perdido. E também sei que todas aquelas coisas que dominaram a mente de meu filho ao longo daqueles anos eram, em essência, incomunicáveis — não só para mim como para todas as outras pessoas. Mesmo que Jeff tivesse tido algum amigo, ele não poderia revelar os impulsos bizarros e violentos que estavam ocupando sua mente. Como um adolescente poderia admitir, até para si mesmo, que a paisagem de sua vida interior era parecida com um matadouro? Com um necrotério?

Assim, meu filho foi para outro lugar, levando consigo sua confusão e seu sofrimento. Ele foi para onde milhões de outras pessoas foram antes dele, buscando alívio e esquecimento. Ele se voltou para a bebida. Ao chegar ao fim do ensino médio, Jeff era um alcoólatra. No entanto, eu não percebi isso. Eu estava tão preocupado com a dissolução do meu casamento e com minhas tarefas no trabalho, que fiquei alheio ao vício de Jeff. Agora, sei que ele roubava bebidas da casa do vizinho e bebia em segredo a maior parte do tempo. Sei que escondeu seu vício de mim, como qualquer rapaz faria. Além do mais, eu estava tão preocupado com Dave, meu outro filho, que Jeff passava cada vez mais despercebido, uma figura que ia se encolhendo diante de mim enquanto pessoa, ainda que seu corpo continuasse crescendo.

Porém, conforme os anos passavam, Jeff se afundou em outra coisa, não só no alcoolismo. Aos 15 anos de idade, sua mente já estava se transformando em um mundo de pesadelos. Uma vez que esse mundo o dominou por completo, passou a ditar cada faceta da vida interna de meu filho ao se fixar à sua sexualidade em desenvolvimento, a força mais poderosa que um adolescente conhece. Todas aquelas ideias bizarras de morte e desmembramento se tornaram carregadas de sexo, movidas por sexo, capazes de serem satisfeitas apenas através do sexo.

Só posso imaginar como os desejos daquele mundo interior atropelaram meu filho. Notei que, enquanto atravessava a adolescência, seu rosto transmitia, progressivamente, a sensação de que havia algo ali muito bem escondido. Em fotos tiradas no fim do ensino médio, os olhos de Jeff parecem mais estreitos, seu olhar mais distante, o sorriso artificial. Durante aquela época, ele se esforçava o mínimo e havia se tornado ainda mais retraído, em especial quando estava em casa. Sua vida social, que deveria estar se expandindo, fechou-se em um círculo que não era maior que sua própria mente, um mundo imaginário em que seus amigos eram fantasmas e seus amantes eram meros pedaços de carne inerte.

CAPÍTULO .04

Perto do fim de 1976, quando vivíamos em Bath Road, Bath, Ohio, meu casamento, que havia sido mantido da forma mais precária possível nos últimos dezesseis anos, chegou definitivamente ao fim. Nosso relacionamento havia passado por um constante declínio desde o início da década. Naquela época, Joyce tinha desenvolvido uma série de doenças: constipação, insônia e uma enfermidade nervosa que ela descrevia como "vibração", na qual sentia o corpo todo sacudir de forma violenta e incontrolável até que finalmente colapsasse em uma exaustão que a deixava acamada por dias e dias. Para todas essas moléstias, ela tomava doses cada vez mais altas de Equanil, misturadas a remédios para dormir, laxantes e Valium.[1]

---

[1] Diazepam, que foi comercializado pela primeira vez como Valium, é um medicamento da classe das benzodiazepinas utilizado para alívio sintomático da ansiedade ou agitação associada a desordens psiquiátricas. [NE]

Para lidar com os vários sintomas experienciados por Joyce, o médico pediu uma vasta série de testes médicos. Contudo, nenhum deles foi capaz de descobrir uma condição médica específica. Por causa disso, o estado de saúde de Joyce foi diagnosticado como resultando de "crises de ansiedade" e ela foi encaminhada a um psiquiatra. Minha esposa foi a cinco consultas, mas elas pareceram ser de pouca ajuda.

Finalmente, em julho de 1970, Joyce foi internada na ala psiquiátrica do Akron General Hospital, onde recebeu tratamento para ansiedade severa. Ela mesma se deu alta após apenas três dias de internação, dizendo que não havia nada de realmente errado com ela. No entanto, alguns meses depois, foi hospitalizada de novo, desta vez por um mês.

Assim que recebeu alta, Joyce passou a frequentar sessões de terapia em grupo nas quais desabafava sobre a raiva que sentia do pai, chegando até mesmo a enxergar o rosto dele sobreposto sobre o rosto do terapeuta.

Por outro lado, foi também nessa época que Joyce começou a criar laços de amizade dentro do grupo terapêutico, e, mesmo após tê-lo deixado, manteve essas conexões o quanto pôde.

Ela também mostrou outros tipos de melhora. Fazia objetos decorativos com cristal de chumbo e macramé, vendendo sua arte em Hamlet, Bath, Ohio. Uma vez, avistou um OVNI no cruzamento entre Cleveland e Massillon, perseguiu-o por 120km/h, e conseguiu que uma matéria a respeito de sua descoberta fosse escrita no *Beacon Journal*.

Contudo, depois de um tempo, sua saúde começou a se deteriorar outra vez. Ela não conseguia perder peso e foi diagnosticada com um problema de tireoide. A medicação também não a ajudava a emagrecer, por isso Joyce procurou um hipnotista para resolver o problema. Ao mesmo tempo, minha esposa começou a se isolar de novo e nossa vida social desabou.

Ainda assim, mesmo durante aqueles últimos anos, havia momentos em que nosso casamento parecia rejuvenescer, de certa forma. A condição de Joyce mostrava súbitos sinais de melhora. Em um momento de estabilidade, ela aprendeu a dirigir. Em outra ocasião, passamos as férias em Porto Rico. Ocorreram outros eventos que me deixaram esperançoso. Ela começou a dar aulas na Akron University e a liderar grupos de desenvolvimento pessoal de donas de casa no Portage Path Mental Health Center, a instituição onde anteriormente havia sido tratada. Porém, enquanto construía uma vida fora do lar, os cuidados e a atenção que dedicava à família caíram por terra.

Dessa forma, e em um ritmo mais acelerado do que antes, nosso casamento rolou morro abaixo. Havia um excesso de discussões e, às vezes, para fugir de uma casa que parecia arder em chamas, Jeff — Dave me diria depois — saía para o jardim e batia nas árvores com galhos que encontrava no chão.

Contudo, em minha presença — e na da mãe — meu filho assumia uma postura extremamente passiva. Na primavera de seu último ano de ensino médio, por exemplo, tivemos uma conversa franca sobre planos futuros. Logo estaria por conta própria, disse a ele, e era hora de focar nessa independência que se aproximava. A faculdade, então, virou tema da conversa, e ele sempre concordava enquanto eu sugeria vários lugares que deveria considerar. Seguíamos sempre o mesmo padrão. Meus conselhos eram feitos, acatados e depois esquecidos. Uma distância intransponível se construía entre nós, uma inabilidade de falarmos abertamente um com o outro. Cada vez mais, Jeff vestia uma máscara de passividade, o olhar inflexível que o mundo hoje conhece como a única imagem do meu filho.

Em agosto de 1977, o pai de Joyce faleceu, e, quando voltamos do funeral, ela me disse que, ao ver seu cadáver, havia sentido que nosso casamento também estava morto. Depois, descobri que ela estava tendo um caso amoroso.

Então, finalmente, tudo havia terminado. Joyce deu entrada no divórcio. Apresentei-me em seguida, e, pouco depois disso, teve início uma disputa por custódia, em especial por causa de David, que ainda era uma criança, enquanto Jeff tinha quase 18 anos de idade.

No fim de tudo, Joyce conseguiu a guarda de David, enquanto conquistei direitos de visita aos fins de semana. Segundo nosso acordo, Joyce deveria me vender a casa em que vivíamos juntos desde o outono de 1967. Nesse meio-tempo, ela continuaria morando lá, com Jeff e David, enquanto eu ficaria em um quarto não muito longe dali, no Ohio Motel.

O processo de divórcio e a batalha pela custódia de David cobraram um preço muito alto de mim. Tinha apenas 42 anos, mas me sentia como um homem idoso. E o que é pior — parecia ter desperdiçado a maior parte da minha vida lutando por um casamento que estava fadado ao fracasso desde o início.

Eu ainda estava em um estado de aborrecimento e autorrecriminação quando, cerca de três meses antes do fim do processo de divórcio, conheci uma mulher de 37 anos chamada Shari Jordan. Ela trabalhava como gerente de pessoas em uma pequena empresa ao Leste de Cleveland.

Nosso relacionamento evoluiu rapidamente. Em certo sentido, suponho, éramos duas pessoas solitárias. Claro que, naquela época, eu estava bastante desorientado por causa do divórcio. Como muitos homens naquela condição, especialmente os que enxergam a vida em família como uma conquista pessoal, eu me sentia perdido. De repente, eu não tinha mais ninguém. Minha esposa e meus filhos estavam vivendo em outra casa, enquanto eu vivia em um motel. Minha vida parecia, no mínimo, deprimente. Sentia que estava me afogando. É evidente, então, que Shari surgiu na minha vida como um colete salva-vidas.

Em muitos aspectos, éramos completamente diferentes; porém, em mais aspectos positivos do que negativos. Enquanto eu era muito ingênuo no que dizia respeito às relações humanas, Shari era astuta. Enquanto eu tinha o hábito de evitar conflitos, Shari tinha facilidade com eles, sobretudo quando envolvia se defender ou tomar partido de outras pessoas. Além de ser ótima para enxergar através de circunstâncias que ainda não eram tão claras para mim, a capacidade emocional dela também era bem maior que a minha. Shari tinha muito mais sentimentos que eu, mas não sei se tinha ideia disso na época. Eu devo ter parecido muito vulnerável para ela, praticamente em estado de choque com meu divórcio, vagando por aí em meio à neblina do desfecho de meu casamento. Afinal, eu tinha perdido quase tudo, e naquelas condições devo ter parecido ferido e à deriva, como um garotinho perdido em meio a uma tempestade.

Mas o que Shari não sabia é que eu era uma pessoa muito analítica. Ela enxergava um homem vulnerável, alguém que parecia sensível e acomodado ao extremo. Ela não conseguia ver o outro lado, a parte mais perturbadora de mim, que eu sempre mantinha escondida por não ser tão emotiva e carregar, em essência, um estranho torpor.

Por muito tempo, essa parte esteve invisível até mesmo para mim. Mas agora, quando olho a foto de Jeff em algum livro ou na TV, me pergunto o quão perto cheguei daquele estado de apatia e achatamento emocional no qual meu filho finalmente decaiu. Olho para o rosto dele, em especial nas fotos feitas durante o julgamento, e não consigo vislumbrar qualquer sentimento, nenhuma emoção, apenas uma terrível ausência em seus olhos. Escuto a voz que narra atos inconcebíveis. Ela é monocórdica, átona e impassível. Vejo e ouço o meu filho, e então penso: "Será que eu também sou assim?".

Jeff fez sua primeira vítima durante o verão de 1978. Quando ocorreu, é claro, eu já não vivia na casa da Bath Road.

Para manter contato com meus filhos, principalmente com Dave, que tinha apenas 12 anos na época, eu costumava ligar para casa. Era sempre com Dave que eu falava, ainda que às vezes também conseguisse conversar com Jeff.

Em agosto, no entanto, minhas ligações não foram mais atendidas. Liguei todos os dias, por sete dias, e não obtive resposta. Em seguida, passei dirigindo pela casa e, depois de três dias sem ver sinal do carro de Joyce na entrada, decidi que não havia escolha exceto dar uma olhada lá dentro.

Shari estava comigo naquele dia, mas ela ficou no carro enquanto saí e rumei para a porta de entrada.

Bati na porta e, depois de um breve momento, Jeff abriu-a pela metade. Ele parecia envergonhado, como se tivesse sido pego em flagrante.

"Cadê a sua mãe?", perguntei.

Ele parecia despreparado para responder à minha pergunta.

"Onde está Dave?", continuei.

Novamente, Jeff não respondeu.

Olhando por cima do ombro dele, para dentro da casa, percebi que Jeff não estava sozinho.

"Quem está aqui?", eu disse, enquanto passava por ele e entrava na casa.

Joyce e Dave com certeza tinham partido, mas havia muitas outras pessoas na casa, adolescentes que Jeff conhecia, todos parecendo muito desorientados, movendo-se entre os cômodos da casa, tocando tudo muito delicadamente, como se estivessem experimentando diferentes texturas.

Na mesma hora, mandei todos aqueles estranhos embora e comecei a interrogar Jeff.

"Onde estão Dave e a sua mãe?", exigi saber.

"Eles foram embora", disse Jeff. "Eles se mudaram."

"Pra onde?"

.79

"Não sei."

"Você está me dizendo que ela não vai voltar?", perguntei, atônito.

Jeff encolheu os ombros.

Continuei fazendo perguntas, mas, de repente, Jeff se tornou inflexível e não me contou mais nada. Ele afirmava não saber para onde Joyce e Dave tinham ido e, mesmo que eu o pressionasse, não acrescentou nada mais à frase: "Eles se mudaram".

Então, Shari entrou na casa, tendo seu primeiro contato com aquele ambiente, uma experiência pouco agradável. Quase de imediato, ela diria depois, percebeu a tristeza presente ali. Olhando para Jeff, Shari enxergou um jovem em estado de choque causado pelo divórcio, um rapaz envergonhado e constrangido com o desarranjo familiar, um "garotinho perdido", como o descreveria depois.

Durante os minutos seguintes, enquanto continuei interrogando Jeff, ela andou pela casa. Descobriu que não estava em bom estado. Quase não havia comida e a geladeira estava quebrada. Na sala de estar, Shari encontrou uma mesa redonda de centro sobre a qual um pentagrama tinha sido desenhado com giz. Ela me chamou para que eu desse uma olhada. Na época, fiquei bastante intrigado, mas depois descobri que Jeff tinha conduzido uma sessão espírita para tentar contatar os mortos.

**

Como não queria deixar Jeff sozinho, me mudei de volta o mais rápido possível. Shari me acompanhou. No dia da mudança, Jeff foi muito educado e prestativo. Dada a situação, o fato de que outra mulher estava se mudando para a casa onde ele havia vivido antes com a mãe, Jeff se portou de forma gentil e atenciosa. Ele parecia feliz em estarmos juntos novamente e tentou ser o mais agradável possível.

Shari e eu nos acomodamos, esperando formarmos um novo lar. Por um tempo, as coisas caminharam muito bem. Então, de repente, tudo mudou.

Uma tarde, ela parou em casa no caminho de uma consulta médica. Ao passar pelo quarto de Jeff, notou um cheiro pungente de álcool. Shari bateu na porta e Jeff se levantou da cama e foi até ela. Levando em consideração o cheiro e a fala enrolada de Jeff, parecia óbvio o quanto ele estava bêbado. "Chamei uns amigos aqui em casa", ele explicou, "e bebemos um pouquinho."

Shari me ligou na mesma hora. "É melhor você vir para cá, Lionel", ela disse, "Jeff está bêbado."

Quando cheguei, Shari já tinha voltado de sua consulta médica. Ela me contou que Jeff ainda estava no quarto, então fui diretamente até ele. Estatelado na cama, meu filho estava quase inconsciente.

Vê-lo naquele estado me deixou perplexo e indignado ao mesmo tempo. No início, fiquei chocado. Eu não tinha ideia de que Jeff já havia experimentado álcool, muito menos que pudesse ter algum problema com ele. Eu estava pasmo. "Não acredito nisso", disse a Shari, "Eu não consigo acreditar em uma coisa dessas."

Mas os sinais eram inegáveis, por isso não tive escolha exceto aceitar e lidar com aquilo. Lidei com a situação repreendendo-o da forma mais dura possível.

A reação de Jeff foi apática e inerme, uma linguagem de ombros encolhidos e murmúrios. Ele disse que bebia por tédio, porque não tinha mais nada para fazer. Então, não falou mais nada e, depois de um tempo, senti que também não tinha o que dizer a ele.

Jeff continuou morando na casa de Bath Road nas semanas seguintes, mas não tive mais nenhum indício de que estivesse bebendo.

Contudo, embora não soubéssemos disso na época, ele também estava fazendo outras coisas degradantes. Cerca de duas semanas depois do episódio com as bebidas, Shari descobriu que seu anel de diamantes tinha desaparecido do porta-joias que ficava no nosso quarto. No início, ela pensou que talvez tivesse colocado o anel em outro lugar, mas cerca de duas semanas depois outro anel desapareceu. Dessa vez, não havia dúvidas: ele havia sido roubado.

Não havia sinais de arrombamento na casa e nenhum outro objeto tinha sido levado. Por isso, nossas suspeitas caíram sobre um amigo de Jeff, um rapaz que tinha fácil acesso à nossa residência. Certo tempo depois, o policial chamado para investigar os furtos nos diria que Jeff já sabia, há bastante tempo, que o amigo havia furtado os anéis de Shari.

Ao ser confrontado, contudo, Jeff negou ter qualquer conhecimento sobre os furtos. Pareceu, inclusive, ofendido pela acusação, chegando a se levantar para deixar o cômodo em que estávamos reunidos.

Naquele momento, Shari, uma mulher que, de saltos altos, chegava a medir mais de 1,80 metro, ordenou, com voz de comando, que Jeff se sentasse de volta. Ela me contaria depois que, em resposta, por um breve e assustador instante, havia notado um lampejo de ódio avassalador nos olhos do meu filho. No segundo seguinte, já tinha desaparecido, mas era tarde; minha esposa havia conseguido ver o outro Jeff, aquele que espiava por trás da máscara de passividade e embotamento.

Porém, eu não enxerguei nada do que havia se passado. Quando pedi que sentasse, meu filho obedeceu sem demonstrar qualquer emoção ou resistência. Jeff apenas continuou a negar qualquer envolvimento no roubo e, após um tempo, o confronto simplesmente perdeu força e ele se arrastou para o quarto e fechou a porta.

Tanto no sentido figurado quanto no literal, não fiz o menor esforço para que saísse e voltasse ao nosso convívio. Ao longo do próximo mês, tentei desesperadamente encontrar Dave. Uma vez que Jeff continuava me dizendo que não tinha ideia de onde Dave e Joyce estavam, não tive escolha exceto procurar por ele de outras formas. Já que a família de Joyce morava em Chippewa Falls, Wisconsin, me concentrei naquela área.

Por quase um mês, todos os meus esforços se voltaram para encontrar meu filho mais novo. Procurei por registros telefônicos na esperança de que Joyce tivesse feito um número novo e o listado em seu próprio nome. Liguei diariamente para a minha advogada, exigindo que ela obrigasse o advogado de Joyce a me dizer onde estava Dave. Eu tinha os meus direitos de visita, disse a ele; ela não podia simplesmente tirar meu filho de mim. No outono, quando a escola enfim voltou às aulas, comecei a ligar para todos os colégios de Chippewa Falls. A estratégia deu certo e, felizmente, encontrei Dave. Ouvir a voz dele foi um alívio.

Em todos os momentos em que lidei com Jeff naquele período, foi com a intenção de manter uma atitude positiva, garantindo a ele que os planos que havíamos feito no auge do divórcio continuariam a ser seguidos. Jeff tinha prestado o vestibular e enviado os documentos necessários para cursar o primeiro semestre na Ohio State University. Percebi que ele não mostrava entusiasmo ou interesse na faculdade, mas, ao mesmo tempo, não tinha desejo de buscar outra vocação ou qualquer outra coisa nesse sentido. No fim, Jeff acabou aceitando a ideia de ir para a faculdade.

Em uma tentativa de animá-lo, Shari fez um grande estardalhaço quando soube que ele iria para a universidade. Na época, Jeff já tinha aceitado a presença dela, então não foi difícil que Shari o convencesse a fazer compras para que escolhessem juntos as novas roupas da faculdade. Enquanto compravam, Shari falava sem parar sobre como a universidade seria empolgante, o quanto ele gostaria do novo ambiente, das novas pessoas, do fato de que aquilo seria uma experiencia única.

Em setembro de 1978, Shari e eu levamos Jeff para o campus Columbus da Ohio State University. Mas, apesar dos esforços de Shari, meu filho ainda estava relutante e era óbvio que só estava ali por minhas ordens. Jeff nunca havia mostrado qualquer interesse pela faculdade ou pelos campos de atuação ou profissões que pudesse desenvolver ali. Ele havia arrumado a mala sem empolgação e sem refletir muito. Dentro dela, não havia nenhum item que se esperasse encontrar na bagagem de um jovem adulto. Meu filho havia trazido consigo para a faculdade uma pele de cobra, que havia conseguido no clube de escoteiros, e duas fotos de seu cachorro.

Quando voltei para casa naquela noite, senti alívio por saber que meu filho tinha ido embora. E ainda que tivesse dificuldade em aceitar seu alcoolismo, descobri que não tinha outra escolha.

O fato é que eu ainda não tinha encontrado uma forma de punir ou corrigir Jeff. O rosto dele era uma muralha. Seus olhos eram vazios. Na época, eu achava que o álcool tinha encharcado o cérebro dele, afogando o que restava de sua personalidade. E, ainda assim, tinha a sensação de que algo se movia por trás dos olhos do meu filho, um processo de pensamento inalcançável a mim, como se a mente dele estivesse em uma câmara de isolamento, escutando apenas a si própria.

Hoje sei o que estava ouvindo. Sei que imagens lampejavam por sua mente enquanto estava esparramado, imóvel, no sofá da sala, com os olhos mortiços encarando a janela.

Jeff estava ouvindo um assassinato que havia cometido muitos meses atrás. Aterrorizado, em um crescente pavor, ele o via e revia, como um programa de terror que fosse transmitido infindavelmente diante de seus olhos.

Porque o julgamento detalhava tudo de forma tão gráfica, sou capaz de saber até mesmo que cenas deviam estar sendo exibidas na mente do meu filho enquanto estava sentado na sala de estar, murmurando respostas às minhas perguntas, assentindo sem entusiasmo enquanto explicava a ele sobre como era errado mentir e beber em excesso. Minhas reclamações devem ter parecido muito triviais naquele momento, minúsculas e inconsequentes em comparação com tudo o que meu filho já havia feito.

Agora, quando me lembro dele naquele ponto da vida, vejo-o enredado em suas próprias fantasias homicidas, preso na memória do assassinato que já havia cometido, quase incapaz de se conectar com outra parte da realidade. Para ele, esse súbito e incontrolável ato de violência e mutilação sexual havia destruído a esperança de uma vida comum em um mundo totalmente fora de seu alcance. Meus papos sobre universidade e carreira devem ter parecidos muito estranhos e irrealizáveis depois daquilo. Minhas ambições para ele, as pequenas estratégias que sugeri a fim de que botasse a vida nos trilhos, tudo aquilo deve ter soado como um conceito vindo de outro planeta; meu sistema de valores, construído em torno de noções de trabalho e família, devia parecer um grupo de artefatos exóticos, e também incompreensíveis, vindos de uma civilização desaparecida.

CAPÍTULO .05

Mas eu não sabia absolutamente nada sobre o que Jeff havia feito. Por causa disso, me permiti nutrir alguma esperança de que seu primeiro semestre na Ohio State seria um período de renovação. Durante aquele tempo, me permiti acreditar que aquele era apenas o primeiro passo de uma jornada bem-sucedida. Era a jornada que eu mesmo havia feito, do ensino médio de uma escola pública para um doutorado em Química, por isso não via razão para que Jeff não conseguisse conquistar o mesmo.

No início, as coisas pareceram ir bem para Jeff. Numa visita, cheio de orgulho, ele me mostrou seu quarto — muito arrumado e limpo. Em outro momento, levou a Shari e a mim para dar uma volta pelo campus. Ele parecia envaidecido de estar na faculdade. Parecia até feliz.

Porém, era uma mera ilusão de progresso que não pôde ser mantida por muito tempo.

Ao fim do primeiro semestre, as notas de Jeff foram enviadas pelo correio. Elas chegaram alguns dias antes dele, e eram um desastre completo. Com uma nota cumulativa de apenas 0.45, ele tinha apenas duas horas de créditos após um semestre inteiro em Columbus. Havia reprovado em Introdução à Antropologia. Não tinha finalizado a matéria de História Greco-romana. O desempenho dele em Ciências da Administração tinha sido nada menos que medíocre, e, além disso, havia desistido de vários outros cursos em poucas semanas. Sua nota mais alta tinha sido um B — em Tiro ao Alvo. Ele não se destacara em nada.

Quando Shari e eu fomos buscá-lo e trazê-lo para casa, Jeff parecia, como sempre, envergonhado. Ofereceu algumas desculpas curtas e preguiçosas, nenhuma delas muito convincente. No que dizia respeito a seu fracasso nos estudos, Jeff explicou que achava difícil demais acordar para as aulas da manhã. Sobre os outros períodos, contudo, as coisas simplesmente haviam fugido de seu controle. Ele não sabia por que ou como isso tinha acontecido.

Uma coisa, no entanto, era óbvia: ele não voltaria à universidade. No entanto, quando disse isso a ele, Jeff pareceu aliviado, como se um peso tivesse sido tirado de seus ombros. Estava óbvio que minha decisão não acarretara em nenhuma consequência para ele. É claro que, sabendo o que já sabia sobre si próprio, como Jeff poderia ter encarado a faculdade com alguma seriedade?

Alguns dias depois, Shari e eu voltamos para Columbus — desta vez para recolhermos os pertences de meu filho. Era um quarto para quatro pessoas, e a parte de Jeff estava extremamente arrumada; a cama feita, o guarda-roupa muito organizado. O único sinal de alerta eram várias garrafas de cerveja e de vinho enfileiradas em cima de seu guarda-roupa.

Os colegas de quarto de Jeff estavam relaxando casualmente no quarto quando começamos a reunir suas coisas, então aproveitei para conversar com eles. O retrato que pintaram de meu filho naquele breve diálogo foi o mais alarmante que já tinham me dado até então. Jeff, diziam, definitivamente tinha um problema com álcool. Ele bebia todos os dias. Muitas vezes, bebia até entrar em um estupor, chegando a desmaiar no fim do dia. Pelas manhãs, incapaz de se levantar, ele permanecia na cama até metade da tarde. Ele não havia feito qualquer esforço para controlar seu vício. Na verdade, os únicos esforços que Jeff fazia eram para garantir que sempre tivesse um bom estoque de bebida disponível. Depois, ainda descobrimos que isso incluía vender o próprio plasma sanguíneo em um banco de sangue, prática que fazia com tanta frequência que ficou conhecido no local, o que impediu a continuidade de tais visitas.

Tão logo voltamos para casa, disse a Jeff que ele precisava fazer alguma coisa. A faculdade não era mais uma opção. Ele só tinha duas escolhas. Ou arranjava um emprego ou se juntava às Forças Armadas.

Certa manhã, logo depois disso, deixei Jeff no Summit Mall, onde ele poderia ir ao Serviço Público de Emprego Estatal ou, então, procurar por uma vaga em qualquer outro lugar no shopping que estivesse contratando.

A partir daí, é claro, precisei aceitar o fato de que Jeff não teria chance de conseguir grandes oportunidades. Ele havia fechado uma porta após a outra. Agora restavam poucas opções, mas ainda parecia possível que uma permanecesse aberta para ele, uma que permitisse a existência de uma vida significativa, alguma medida de dignidade, segurança e talvez até mesmo um pouco de prazer e autoestima.

Nos dias seguintes, busquei Jeff no shopping todo fim de tarde. Às vezes ele parecia normal, mas, em outros momentos, era óbvio que estivera bebendo o dia todo. Seus olhos lacrimejavam de tanta embriaguez, o andar quase sempre parecia vacilante. Em uma ocasião, entrou no carro caindo de tão bêbado. Senti que não podia voltar com ele para casa naquele estado. Shari já tinha passado por coisas demais. Estávamos casados há muito pouco tempo e Jeff já tinha conseguido transformar aqueles meses em um fardo pesado. Percebi que tinha chegado o momento de dizer não a ele.

Então, foi o que fiz. Disse a ele que *não* voltaria para casa com ele bêbado daquele jeito, pois já tinha passado dos limites. Disse a ele que ficaria no shopping até que estivesse sóbrio. Assim que melhorasse, era só me ligar que eu voltaria para buscá-lo. Então, deixei-o ali, sozinho no estacionamento do shopping, voltei para casa e esperei pelo telefonema.

Mas essa ligação nunca aconteceu. Às 22h, voltei para o shopping. Todas as lojas estavam fechadas e não havia sinal de Jeff. Voltei para casa e liguei para a polícia. Bastou um telefonema para que achassem meu filho. Ele tinha sido recolhido algumas horas antes, sob acusação de embriaguez e má conduta, e estava na cadeia.

Fui direto para a delegacia e paguei a fiança. Alguns minutos depois, estávamos no carro de volta para casa. Jeff se sentava em silêncio, de cabeça baixa. Em casa, ele pediu desculpas a Shari e a mim e depois se trancou, outra vez, na solidão de seu quarto.

Na manhã seguinte, dei a ele um ultimato. Jeff tinha se recusado a ouvir meus conselhos. Não tinha conseguido um emprego. As últimas portas estavam todas se fechando. Só havia uma aberta. Informei meu filho, diretamente, que havia chegado o momento de botar a vida no lugar. A minha impressão era a de que Jeff não conseguia funcionar naquele mundo, então precisava estar em um lugar separado, mais restrito. Era hora de passar pela última porta que eu abriria para ele.

Jeff se alistou às Forças Armadas dos Estados Unidos em janeiro de 1979. Eu mesmo o levei à agência de recrutamento. Já tinha conversado com o sargento responsável e conseguido a entrevista. No caminho até a agência, Jeff não parecia propriamente triste, apenas resignado. Assim que chegamos lá, ele preencheu todos os formulários como se estivesse em piloto automático.

Até o fim do mês de janeiro, meu filho havia partido. Despedimo-nos na agência. Mais do que tudo, ele parecia assustado. Ele sabia que agora enfrentaria uma vida diferente, mais rigorosa, mais exigente. Seria uma vida que não toleraria o vício que eu já conhecia, o alcoolismo, nem o outro, mais vil e apavorante, que Jeff conseguira manter trancado dentro de si.

*＊＊

Fiquei seis meses sem me encontrar com Jeff. Quando o vi novamente, a transformação era inacreditável. A diferença entre o Jeff que busquei na rodoviária do centro de Akron do Jeff assustado da agência de recrutamento era surpreendente.

Este novo Jeff, completamente reformulado, era um jovem bonito, de ombros largos, que nos sorriu de forma radiante ao descer do ônibus. O cabelo tinha sido cortado bem rente, as roupas estavam muito limpas e aprumadas. O mais importante de tudo, talvez, era que não se sentia o menor vestígio de álcool no hálito dele.

Jeff ficou conosco por não mais que duas semanas. Pela primeira vez na vida, ele parecia feliz de poder ajudar. Ajudou a cortar e estocar lenha. Varreu as folhas e recolheu os galhos caídos. Quando não estávamos trabalhando, jogávamos tênis ou cozinhávamos ao ar livre. Ele grelhava hambúrgueres ou bifes na churrasqueira. Ao longo de todo esse tempo, Jeff manteve um sorriso autoconfiante e feliz.

Porém, não muito longe de nós, no alto de uma colina, o corpo desmembrado da primeira vítima de Jeff jazia em um cano de escoamento subterrâneo, sem nunca ter sido descoberto. Enquanto isso, não havia qualquer sinal do jovem brutal que havia cometido esse assassinato no rapaz bem-arrumado e alegre que se sentava diante de mim na mesa de jantar, gabando-se, cheio de orgulho, de sua experiência no Exército.

Ao longo daquelas duas semanas em que estivemos juntos, só pude enxergar mudanças positivas nele: como falava com mais liberdade, como seus olhos me miravam com uma receptividade inesperada. Sempre que pensava na figura taciturna que vivia esparramada na sala de estar ou se arrastava pesadamente na direção do próprio quarto, me permitia pensar que o Jeff do passado tinha sido enterrado graças ao rigor do treinamento básico.

Foi uma visita que acabou rápido demais. O tempo passou em uma atmosfera alegre e relaxante. No último dia, acompanhei Jeff até o ônibus que o levaria de volta a Cleveland. Em breve, ele seria enviado à Alemanha. Desta vez, Jeff estava sentado no banco do carona de cabeça erguida e olhos firmes. Todo o medo que eu vira em sua partida havia desaparecido. Ao chegarmos, ele me abraçou e entrou no ônibus. Quando saí com o carro para ir embora, meu filho olhou pela janela e acenou um adeus.

Durante os dois anos seguintes, recebemos poucas cartas, ainda que Shari escrevesse sempre; enviando fotos da casa, do jardim e de todo o resto que estivesse acontecendo em casa. Mas Jeff nunca foi de escrever, então a ausência de correspondências não era algo que me surpreendesse. No entanto, ele chegou a fazer um ou dois telefonemas.

Nessas ligações, ele parecia feliz com a viagem, e mesmo quando não estava e a conversa era curta e entrecortada, eu tentava me convencer de que era apenas cansaço, pois, em algum lugar da Alemanha, aquele "novo" Jeff estava vivo e bem e ainda focado no desafio de construir um futuro decente para ele mesmo. Agora, sempre que pensava nele, visualizava-o de uniforme, passando a enxergar aquele uniforme, e tudo o que representava, como a sua salvação. O Exército havia fornecido uma estrutura para a vida profundamente desestruturada de meu filho, e eu esperava — talvez até mesmo acreditasse piamente nisso — que, por meio daquela nova estrutura, Jeff seria capaz de encontrar um lar.

Então, de repente, três meses antes do fim do serviço militar, a bagagem de Jeff foi despachada na porta de casa. Dentro dela encontrei seu uniforme, a jaqueta, as calças, tudo; a minha impressão era de que aqueles eram todos os pertences que possuíra no período de serviço ao Exército. Não havia nenhum bilhete, nenhuma carta, nada que pudesse me dar a menor ideia de sua localização.

Alguns dias depois, os documentos de dispensa militar chegaram pelo correio. Eles diziam que a dispensa de Jeff havia sido honrosa, embora um código numérico indicasse que havia ocorrido por uma razão específica. Logo viríamos a descobrir que, no caso de Jeff, essa razão era o alcoolismo.

Porém, em todos aqueles papéis, não havia qualquer informação sobre o paradeiro do meu filho. A dispensa tinha ocorrido na Carolina do Norte, mas não fazíamos ideia para onde havia ido depois disso. Levou um mês para que eu descobrisse.

O telefone tocou em um sábado de manhã. Era Jeff. Ele disse estar ligando de Miami, na Flórida. Parecia feliz. Ele me contou que estava trabalhando em um lugar chamado Sunshine Sub Shop, uma lanchonete que vendia pizzas e sanduíches. Acrescentou alguns poucos detalhes, e não me interessei em saber mais. Agora ele estava por conta própria, morando bem longe, além da minha capacidade de correr até ele caso se metesse em encrenca. Convenci-me de que a distância era uma coisa positiva, como se, só por estar tão longe, Jeff estivesse se tornando finalmente um adulto. Ao longo das próximas semanas, ele telefonou algumas vezes, o que não era assim tão incomum. Em uma conversa, informou que estava morando com uma mulher, uma imigrante ilegal que havia oferecido dinheiro a ele para que se casasse com ela, algo que o aconselhamos a não fazer.

A última chamada telefônica tinha a ver com dinheiro. Jeff estava duro, completamente sem dinheiro, e sem meios de conseguir se sustentar. Ele perguntou se Shari poderia mandar alguma quantia o mais rápido possível, mas ela se recusou a fazer isso. Disse que o único "dinheiro" que enviaria seria uma passagem de avião para Cleveland. Se quisesse voltar para casa, ela o traria de volta. Shari avisou que não mandaria o dinheiro da passagem, mas que, se fosse seu desejo, haveria uma passagem esperando por ele no aeroporto.

Jeff concordou em voltar para casa. Ele nem sequer protestou. Parecia resignado como se, novamente, precisasse abrir mão de uma independência que não tinha sido capaz de manter.

Busquei-o no aeroporto de Cleveland alguns dias depois, esperando um jovem maltrapilho, embrutecido, abatido e humilhado. Em vez disso, Jeff saiu do avião com um largo sorriso no rosto, e, à distância, parecia incrivelmente animado. Mas, assim que se aproximou, percebi que ele estava bêbado. Por isso parecia tão risonho.

"Desculpe, pai", Jeff disse ao se aproximar. "Acho que bebi demais no avião."

Vendo-o de perto, percebi o quanto estava imundo e desalinhado. Ele havia deixado crescer um bigode que sequer havia se preocupado em aparar, mantendo-o irregular e despenteado. Suas roupas não tinham sido lavadas recentemente e estavam cobertas de manchas. Para completar, ele fedia a uísque e tinha um cigarro pendurado no canto da boca.

Porém, ao passar dos dias, ele se iluminou de novo. Uma vez em casa, Jeff ajudava o máximo que podia. Ele cortava lenha, ajudava a derrubar alguma árvore, recolhia galhos caídos. Era como se o Exército tivesse ensinado a ele uma ética de trabalho, ou ao menos o ajudado a sentir o ímpeto de fazer coisas, mesmo quando não queria.

Certa tarde, com a chegada do inverno, decidimos isolar o encanamento. Trabalhamos juntos no sótão, mas, quando chegou a hora de encaparmos os canos debaixo da casa, ele insistiu em fazer isso sozinho. "Não, não vai lá embaixo, pai", ele disse, enfaticamente. "Deixe que eu faço isso."

Então, foi Jeff que rastejou no vão sob a casa, o lugar onde havia guardado o corpo de sua primeira vítima. Eu podia vê-lo deitado de costas, enrolando fita isolante ao redor dos canos de cobre e depois amarrando-as no lugar com um barbante grosso e trançado. Quando saiu de lá, ele se ergueu e limpou a poeira, contente e entusiasmado, preparado para a próxima tarefa doméstica.

No entanto, esse renascimento durou apenas alguns dias. Logo Jeff começou a procurar por um emprego. Assim, todas as manhãs, eu o levava ao Sumitt Mall ou deixava o carro com ele. Inevitavelmente, sempre que estava sozinho, ele bebia.

Apenas duas semanas depois de voltar para casa, Jeff foi preso no hotel Ramada Inn. A prisão ocorreu porque os funcionários do local haviam pedido que ele deixasse o salão, já que estava bebendo no gargalo de uma garrafa de vodka. Ele se recusou a fazer isso, então foi escoltado até o saguão de entrada. Ainda assim, meu filho se recusou a ir embora. Em vez disso, ficou diante da porta, bebendo da garrafa. A polícia foi chamada e, com sua chegada, Jeff ficou subitamente violento. Foram precisos três oficiais para contê-lo. Por fim, meu filho foi levado à Penitenciária de Akron, acusado de embriaguez e conduta desordeira, e preso.

Esse breve período de encarceramento não trouxe qualquer melhora, e, após o episódio ocorrido no Ramada Inn, Jeff nunca mais parou de beber, pelo menos não enquanto esteve vivendo conosco. Em alguns momentos, estava tão embriagado que perdia os óculos ou a carteira. Muitas vezes, chegou a esquecer onde estava o carro. Ao longo das semanas, recebi vários telefonemas. Eles vinham de Jeff, de algum dono de bar, ou até da polícia; todos me avisando que meu filho estava bêbado e incapaz de dirigir, por isso eu deveria buscá-lo.

No inverno de 1981, Shari e eu chegamos à conclusão de que a vida de Jeff estava completamente fora dos eixos, que ele precisava aprender a se autocontrolar, e isso não aconteceria enquanto morasse conosco. Uma semana antes, eu o havia levado ao Ohio Motel para que passasse a noite e, assim, pudesse estar sóbrio. Havia pedido que usasse esse tempo para repensar sua vida, para se recompor.

A questão, no entanto, era o que fazer com ele. Eu e Shari já tínhamos chegado ao limite. Porque nossa residência na Bath Road ficava no campo, sentíamos que não podíamos deixar Jeff sozinho durante o dia, com pouco ou nada para fazer. Sabíamos que ele acabaria bebendo. Também não podíamos deixar que ficasse com o carro, mesmo que o usasse para entrevistas de emprego, porque ele já havia se embriagado em diversas ocasiões.

Depois de muita conversa, Shari e eu enfim decidimos que Jeff deveria passar um tempo com a avó em West Allis, Wisconsin, um subúrbio de Milwaukee. Ele sempre pareceu amar minha mãe, e, para mim, não havia dúvidas de que ela também o amava.

Então, mais uma vez, levei meu filho à rodoviária. Jeff se mostrava resignado, contrito, passivo e sem emoções, dando a impressão de que, mais uma vez, sentia-se rejeitado. Um comportamento que, admito, eu já estava acostumado a presenciar nesse tipo de situação.

Ao nos despedirmos, disse esperar que retornasse após uma breve visita. Definitivamente, eu não pressentia nada de perigoso por trás de seu rosto imóvel e vazio. Abracei-o, como sempre fiz, como qualquer pai faria, e desejei apenas o melhor para ele.

No caminho de volta, pensei na situação, tentando lidar com ela da melhor forma possível. Eu tinha um filho desajustado, como muitos outros pais também tinham, e eu torcia para que, em algum lugar daquela escuridão que o cobria, entre Bath, Ohio, West Allis, Wisconsin, alguma luz caísse sobre ele, um pontinho sequer, qualquer coisa que ajudasse a guiá-lo em segurança para casa.

CAPÍTULO .06

Aproximadamente três meses depois, Shari e eu viajamos a West Allis para visitar Jeff na casa de mamãe. Por volta daquela época, ele havia decidido que não voltaria para Ohio. Jeff havia achado a vida na casa da avó muito agradável. Ela o mimava sem pudores, cozinhava para ele, lavava suas roupas. Não era por acaso que Jeff parecia mais feliz do que quando havia voltado do Exército.

Para todos nós, esse foi um período — que durou cerca de seis anos — de grandes esperanças. Durante todo aquele tempo, meu filho parecia estar se ajustando muito bem. Ele cortava a grama, trabalhava no jardim, ajudava mamãe com as compras e com a limpeza da casa. Ele até ia à igreja com ela, e mamãe chegou a informar que uma jovem da congregação estava muito interessada nele. Tentei encorajá-lo a investir num relacionamento.

"Você devia chamá-la pra sair, Jeff", eu disse.

"É, eu devia mesmo", ele respondeu, "só não sei ainda como fazer isso."

Outra coisa que me deixava muito otimista era saber que Jeff estava trabalhando como flebotomista no Banco de Sangue de Milwaukee e estava participando de reuniões de aconselhamento no AA, Alcoólicos Anônimos. Tudo isso parecia evidenciar que a vida dele estava seguindo um caminho melhor.

Nesses seis anos, nutri a esperança de que o Jeff que vivia em West Allis, mantinha um emprego e cuidava tão bem de minha mãe, era o verdadeiro Jeff; uma pessoa boa em essência, um jovem em busca de si mesmo, como muitos outros jovens. Eu sabia que não tinha uma resposta clara sobre a personalidade de meu filho, que não possuía nenhum conhecimento aprofundado sobre seu caráter, e, para isso, dependia cada vez mais de Shari.

Contudo, depois de um tempo, mais uma pessoa passou a se apoiar na minha esposa em busca de conselhos. No fim daqueles seis anos promissores, quando Jeff começou a se desviar daquele caminho tão positivo, minha mãe recorria a Shari para pedir conselhos e informá-la sobre atos perturbadores envolvendo o comportamento dele. Ela dizia sentir certa relutância de vir até mim, pois não queria me sobrecarregar ou interferir no que enxergava como minha própria "ingenuidade com relação a Jeff". Por isso, ao longo de muitos meses, mamãe dirigiu-se a Shari, mas não a mim, sempre ao telefone, revelando alguns aspectos da vida de Jeff que não conciliavam com minha esperança de que ele havia se endireitado.

Foi através de Shari, portanto, que descobri que aquele período esperançoso de renovação estava pouco a pouco chegando ao fim. Jeff estava decaindo outra vez.

Durante uma conversa, por exemplo, mamãe contou a Shari que havia encontrado um manequim de loja dentro do armário de Jeff. Era uma figura masculina, vestida em roupas esportivas. Ela não conseguia entender como Jeff havia arranjado uma coisa daquelas. Será que tinha encomendado pelo correio? Será que tinha roubado? E por quê? Mamãe não conseguia entender que intenção Jeff teria em manter um objeto tão curioso perto de si. Claramente, ela esperava que alguém chegasse ao fundo dessa questão.

Até então, aquela havia sido a história mais estranha que já tinham me contado sobre Jeff, por isso, logo depois de minha conversa com Shari, liguei para o meu filho. Disse a ele que sabia sobre o manequim e exigi que me contasse a origem daquilo e por que o objeto estava escondido no armário.

A reação de Jeff foi calma e fria. Ele respondeu que havia pegado o manequim em uma loja apenas na intenção de provar para si mesmo que podia fazer isso. Alegou ter gostado das roupas que estavam no manequim, mas que roubá-lo não havia sido nada além de uma brincadeira, o cumprimento de um desafio que tinha imposto a si próprio, apenas um momento de bravura.

Como sempre, eu quis saber dos detalhes.

"Bem, e como foi que você fez isso, Jeff?", perguntei.

Em resposta, ele me contou que havia desmontado o torso do manequim pela metade e colocado cada parte em uma sacola separada. Depois disso, apenas saiu andando da loja. Eu disse a ele que isso era roubo e exigi que o devolvesse para a loja. Jeff então me informou que já havia jogado tanto o manequim quanto as roupas fora, e que essa questão, no que lhe dizia respeito, já estava encerrada. Foi incapaz de qualquer autocrítica ou autorreflexão. Meu filho havia agido por impulso, algo muito natural para ele. Queria uma coisa e, por isso, a pegou. Simples assim.

Mas, para Shari, nada daquilo era simples. Para ela, o manequim sugeria que algo estava profundamente errado com Jeff. Ela não sabia o quê, mas parecia muito errado que um jovem da idade dele tivesse um manequim masculino escondido dentro do armário.

"Tem algo muito estranho nessa história", ela me disse. "Não sei o que é, mas tem algo muito errado."

Decidi oferecer uma sugestão a Jeff, uma forma de mudar de vida. Encontramo-nos na casa de West Allis e sentamos juntos na sala de estar, encarando um ao outro. Meu filho se sentou muito ereto em uma poltrona sob a janela e escutou enquanto eu listava todas as possibilidades: começar um negócio próprio, como na Amway ou alguma outra posição na área das vendas independentes; ir ao colégio técnico, fazer um curso específico; talvez até mesmo trabalhar com jardinagem, algo que ele parecia gostar, pelo menos até onde eu havia observado de seu trabalho com o jardim de casa. Por fim, sugeri que fosse até um local de aconselhamento profissional, público ou privado, onde dariam algumas outras opções que, até o momento, talvez pudessem ter lhe escapado.

Ao longo de meu discurso, Jeff assentiu em aprovação, sempre repetindo, em uma espécie de prece anestesiada: "Parece razoável... Parece razoável... É uma possibilidade...".

Essa resposta, ainda que típica de Jeff, me pareceu encorajadora, então dirigimos até o Milwaukee Area Technical College. Acompanhei-o ao longo de toda a inscrição. Encontramo-nos com um dos orientadores, escolhemos dois cursos e então seguimos com os últimos passos envolvendo a matrícula de Jeff. Paguei por ela e depois levei Jeff de volta para a casa de mamãe.

Depois, Shari e eu voltamos para Ohio. No caminho, sentia-me otimista sobre o futuro de Jeff, fazendo o possível para negar os elementos sombrios de sua personalidade. Shari estava menos confiante. Ela achava que Jeff tinha apenas obedecido às minhas vontades, mesmo que de maneira bastante relutante.

Algumas semanas depois, o pessimismo de Shari foi confirmado. Liguei para mamãe interessado em saber como estava Jeff. Na época, já tinha aprendido que não podia confiar na versão dele sobre nada. Então, mamãe disse que, até onde sabia, Jeff não havia ido à escola nenhuma vez. Liguei imediatamente para o colégio e confirmei o que ela disse. Jeff não tinha comparecido a nenhuma das aulas.

Quando conversamos depois, perguntei por que não havia sequer tentado frequentar as aulas. Ele respondeu que não tinha conseguido ir porque havia conseguido um emprego em uma agência de trabalhos temporários. Isso, segundo ele, era um caminho melhor.

Nem passou pela cabeça de Jeff que poderia ter me avisado. O fato de ter me feito perder tempo e dinheiro não significava nada para ele.

Então, mesmo que isso contrariasse sua natureza opositora, ele de fato havia conseguido um emprego. Nesse ponto, havia dito a verdade, algo que muito me surpreendeu. Para mim, Jeff tinha se tornado o mais astuto dos enganadores, aquele que acrescenta à mentira uma pitada de verdade.

Ainda assim, desde então, todas as mentiras que havia contado pareciam relativamente inocentes. A vida de meu filho, apesar de toda a desordem e da falta de propósito, ainda me parecia inofensiva. Apesar de tudo que Jeff havia feito — pelo menos até onde eu tinha conhecimento, ele não havia prejudicado ninguém exceto ele mesmo. Por isso, eu não tinha nenhum motivo para acreditar que, em algum momento, faria o contrário.

Então, certo dia, mamãe ligou para dizer que havia encontrado uma arma debaixo da cama de Jeff e não tinha ideia de onde tinha vindo ou para que meu filho pretendia usá-la.

Mais uma vez, chamei Jeff para uma conversa. Disse a ele que a avó havia descoberto a arma que guardava debaixo da cama e o quanto isso a havia assustado. Ele tentou minimizar os receios dela. Disse que a arma era só uma pistola de pressão para tiro esportivo e que a havia comprado apenas para treinar em um estande de tiro perto dali. Jeff afirmou não haver outro uso para a arma; por isso, não havia nada com que nos preocuparmos. Então, eu disse a ele que, mesmo assim, mamãe estava assustada, e exigi que a deixasse dentro de uma caixa até que nos encontrássemos de novo.

Shari e eu dirigimos até Milwaukee uma semana depois. Jeff me mostrou a arma. Não era uma pistola de pressão.

Longe disso. Era uma Colt Lawman .357 Magnum, com um cano de duas polegadas e meia. Na mesma hora, eu disse a ele que essas armas não eram encontradas em estandes de tiro. Jeff explicou que o fato de não ser uma pistola de pressão era desimportante; os estandes de tiro aceitavam qualquer tipo de arma, uma vez que os alvos eram muito próximos. Por causa disso, Jeff continuou, não havia precisado comprar uma pistola de pressão oficial, de cano longo; então, optara pela .357 Magnum. Apesar da explicação, confisquei a pistola, pedi a um amigo que a vendesse e depois dei o dinheiro da venda para Jeff.

Entretanto, pouco tempo depois, outro informe veio de West Allis. Mamãe telefonou para dizer que Jeff estava passando longos períodos longe de casa, às vezes fins de semana inteiros. A desculpa dele, segundo ela, era que apreciava passar o tempo em um shopping ali perto ou viajava até Chicago só para dar uma voltinha.

Contudo, do ponto de vista de minha mãe, um outro incidente, ainda mais nefasto, havia ocorrido. Uma manhã, ela estava descendo as escadas para o andar de baixo quando Jeff abruptamente exigiu que parasse.

"Não estou vestido", ele disse, e pediu que subisse de volta.

Pouco depois, no entanto, mamãe viu Jeff de novo. Dessa vez, ele estava acompanhado de um homem que parecia bêbado e a quem Jeff estava tentando levar ao ponto de ônibus mais próximo. O homem andava cambaleando e chegou a cair algumas vezes até que Jeff, por fim, conseguisse colocá--lo no ônibus.

Meu filho tinha resposta para todas as perguntas que fiz. O homem era alguém que ele conhecera casualmente e, de forma igualmente trivial, decidira levar para casa. Como era muito tarde e não queria incomodar a avó, Jeff desceu com ele até o porão e deixou que dormisse em uma velha poltrona reclinável. Além disso, acrescentou, já tinham bebido muito e ele não queria que o homem vomitasse na casa da avó. No porão, Jeff e o convidado chegaram a beber um pouco mais, e quando meu filho achou que o outro homem estava sóbrio o suficiente, apenas o levou até o ponto de ônibus e o ajudou a embarcar.

Como o manequim, o homem tinha sumido e, pelo menos para Jeff, o caso estava encerrado.

Porém, para cada situação estranha que Jeff justificava, outra coisa surgia para substituí-la.

Uma manhã de domingo, mamãe estacionou na entrada de casa, em West Allis, e foi logo sufocada por um cheiro terrível. Ela não fazia ideia do que pudesse ser, e, quando perguntou a Jeff sobre isso, ele respondeu que os odores vinham da caixa de areia do gato.

Mas o fedor que mamãe sentira não era nem um pouco parecido com aqueles provenientes de uma caixa de areia, por isso, ainda tentando me proteger de possíveis notícias perturbadoras sobre meu filho, ela ligou para Shari, que, é claro, me contatou na sequência.

Liguei para Jeff na mesma hora e ele me explicou que, sempre que tinha um tempo livre, gostava de fazer experimentos, jogando alvejantes e ácido muriático em pedaços velhos de frango que comprava de uma mercearia local. Ele disse que tinha curiosidade para saber o que os produtos químicos fariam com os pedaços de galinha.

Muitos meses depois, de novo, ao voltar da missa de domingo, mamãe sentiu aquele odor curioso. Mais uma vez, confrontou Jeff, que respondeu ter limpado havia pouco o chão da garagem e que esse cheiro residual era resultado dos produtos químicos que havia utilizado no processo.

Obviamente, o cheiro que mamãe sentira não era nem um pouco parecido com o de um produto de limpeza. Então, de novo, telefonou a Shari para expressar sua preocupação sobre algo que Jeff poderia estar fazendo.

De pronto, fiz preparativos para voar até West Allis a fim de investigar esses odores em pessoa. Após checar a garagem, confrontei Jeff, pressionando-o em busca de respostas, até que finalmente admitisse a "verdade". Ele me disse que um dia havia saído para dar uma caminhada e encontrara um guaxinim morto na sarjeta em algumas ruas de distância. Ele teria recolhido os restos do cadáver em um saco de lixo e o trazido para casa. Sobre o motivo de tê-lo levado para casa, Jeff respondeu que era porque queria fazer experimentos com a carcaça, usando alvejantes e outros produtos químicos. "Sei que parece idiota", ele respondeu, "mas eu só queria ver o que os produtos iriam fazer."

Continuei a interrogá-lo, mas Jeff manteve a narrativa. Ele repetiu sem parar que aquela havia sido uma "ideia idiota", mas que já tinha se livrado do guaxinim e dos produtos químicos, e que o caso, assim como a história do manequim, estava, portanto, encerrado.

Porém, para mim, estava longe disso. Continuei a pressioná-lo.

"Mas por que você decidiu colocar produtos químicos nessas coisas?", perguntei.

"Só pra fazer uma experiência."

"Que tipo de experiência, Jeff?"

"Só uma experiência, ué. Pra ver o que ia acontecer."

"Mas com que propósito?"

Então, ele deu de ombros, como sempre. "Sei que é idiota, pai, mas eu gosto de fazer experiências."

Era algo tão estúpido, tão absolutamente inútil e infantil, que decidi investigar mais a fundo. Fiz uma busca na garagem e depois desci até o porão. Não encontrei nada na garagem exceto um líquido escuro e espesso no local onde mamãe guardava as latas de lixo, uma coisa que, supus, não indicasse algo sinistro — nada mais que resíduos de carne e vegetais escorridos do lixo. No porão, encontrei apenas o que já esperava encontrar — coisas guardadas em caixas de papelão, um antigo projetor, lâmpadas antigas, decorações de natal, um pouco de lenha, a máquina de lavar e a secadora de roupas.

No dia seguinte, voltei para Ohio. No caminho, me convenci a acreditar em Jeff, a aceitar suas respostas independentemente do quão pouco plausíveis parecessem ser. Convenci-me de que meu filho não pretendia fazer nada ilegal com a pistola e que os cheiros que incomodaram minha mãe no porão e na garagem vinham dos restos dissecados do cadáver de um guaxinim.

Mais do que tudo, me forcei a acreditar que Jeff tinha limites e que não era capaz de ultrapassá-los. Uma linha que separava o mal que causava a si mesmo do mal que poderia fazer a outra pessoa. De maneira geral, eu sabia que Jeff tinha falhado em ganhar a vida. Eu sabia que ele tinha fracassado na escola e que tinha sido malsucedido no Exército. Eu sabia que meu filho era incapaz de encontrar qualquer coisa pela qual se interessasse ou se conectasse. Eu sabia que ele era incapaz de manter um relacionamento a longo prazo com qualquer pessoa fora do âmbito familiar.

Eu também admitia a existência de um lado nefasto em Jeff, embora não me permitisse imaginar até onde isso poderia levá-lo.

Assim, minha vida havia se tornado um exercício de fuga e negação. Eu tinha me agarrado a cada pequena fagulha de esperança, fugido de cada verdade desagradável. Nos meses seguintes, minhas conversas com Jeff continuaram as mesmas, planas e anestesiadas, como eram desde seu tempo de adolescente. Nós falávamos, mas não conversávamos. Eu fazia sugestões. Ele as aceitava. Ele dava desculpas. Eu as aceitava. Era como se tivéssemos concordado em falar apenas meias-palavras, de comunicar só o que era seguro de comunicar, não levantando um dedo para derrubar a parede que existia entre nós dois.

Agora, quando penso naqueles últimos dias, eu me vejo encolhido em uma espécie de bola mental, meio que esperando por uma explosão repentina, mas ao mesmo tempo cheio de esperança de que ela nunca aconteceria. Eu já tinha aceitado o muro que me separava do meu filho. Tinha até mesmo chegado a enxergá-lo não como um muro, mas como um escudo do qual ambos precisávamos para que nossa comunicação fosse possível. Era como se tivéssemos um acordo que nos permitia falar apenas de banalidades, pois ambos sabíamos que havia outras coisas que, se fossem confrontadas abertamente, nos arruinariam. Concordamos, implicitamente, em limitar os temas das nossas conversas. Só podíamos discutir sobre as trivialidades da vida, deixando as questões mais profundas e problemáticas de fora. Vivíamos em um mundo de trocas superficiais e deixávamos todo o resto por dizer. Chamávamos esse horrível silêncio de "paz".

CAPÍTULO .07

Quando chegou o outono de 1988, havia muito mais coisas que eu *não* sabia sobre meu filho do que coisas que eu sabia. Uma das coisas que eu não sabia, certamente, era que ele tinha assassinado quatro pessoas, duas delas no porão da casa de minha mãe.

Além desse horrível, quase incompreensível, desconhecimento, eu também não sabia que Jeff tinha sido preso duas vezes por atentado ao pudor — primeiro em 1982, e, depois, em 1986. Eu não sabia que, em 1985, enquanto estava sentado na Biblioteca Municipal de West Allis, um homem havia passado a ele um bilhete dizendo que, se quisesse um "boquete", bastava ir ao banheiro masculino do segundo andar, e que foi esse bilhete, meu filho diria depois, que o atirou em uma queda descendente e frenética; primeiro, levando-o a frequentar saunas, onde usava diversas drogas para "apagar" rapazes a fim de se "deitar" com seus corpos inconscientes; e, por fim, fazendo-o cair em um profundo abismo.

✳ ✳ ✳

Em 26 de setembro de 1988, Jeff se mudou da casa da avó em West Allis. Três anos antes, havia arranjado um emprego na Ambrosia Chocolate Factory, em Milwaukee, por isso alegou que a mudança se daria porque desejava morar mais perto do trabalho. Outro motivo seria a vontade de viver sozinho.

É claro que ele já tinha alcançado a maioridade há muito tempo, o que lhe dava todo o direito de decidir viver por conta própria, então não fiz qualquer tentativa de persuadi-lo a ficar com a avó. Ela era idosa e frágil, e as frequentes ausências de Jeff haviam desgastado a relação entre eles. Ademais, em determinado momento, mamãe tinha encontrado diversos objetos de devoção ocultista no quarto de Jeff, o que a deixou aterrorizada. Ela havia sido adepta do presbiterianismo a vida inteira, e descobrir que o próprio neto havia montado um altar satânico na casa dela, cheio de estátuas de grifos e luzes escuras bizarras, era algo verdadeiramente horripilante.

Ao ser confrontado sobre essas coisas, Jeff ofereceu as respostas de sempre. As estátuas de grifos e a cópia de *A Bíblia Satânica*[1] eram apenas "hobbies". Não significavam nada. Ele não era um satanista, só alguém que sentia muita curiosidade pelo desconhecido.

Essas respostas evasivas eram tão típicas de Jeff que acho que, talvez, ele tenha cansado de precisar usá-las. Queria apenas viver sem nunca mais precisar dar satisfações a alguém.

---

1   Livro escrito pelo fundador da Igreja de Satanás, Anton Szandor LaVey, em 1969. [NE]

Então, ele deixou a casa da avó, levou seus pertences para um apartamento e se preparou para viver por conta própria. As estruturas que o tinham protegido e, até certa medida, controlado seus impulsos, haviam desaparecido. Pela primeira vez desde que Joyce o havia abandonado em casa, aos 18 anos, Jeff estava morando sozinho.

Logo no primeiro dia dessa nova vida, Jeff se aproximou de um adolescente de Laos, um rapaz de 13 anos de idade chamado Somsack Sinthasomphone e o levou para seu apartamento, o número 204, na North 24th Street, em Milwaukee. Lá, Jeff ofereceu 50 dólares ao menino para que permitisse que o fotografasse nu. Então, meu filho o drogou com uma mistura de café, creme de licor irlandês e benzodiazepina.[2] Alguns minutos depois, enquanto o fotografava, e após ter perguntado a Sinthasomphone se podia se deitar ao lado dele e escutar os barulhos que seu estômago fazia, Jeff acariciou o pênis do garoto.

Ainda sob a influência das drogas que meu filho utilizou para incapacitá-lo e poder molestá-lo sexualmente, Sinthasomphone conseguiu fugir do apartamento e voltou para casa. Sua família, então, o levou às pressas ao hospital, onde uma overdose foi detectada.

Por fim, a polícia foi convocada e, enquanto Sinthasomphone lutava para se recuperar, perguntaram a ele onde tinha encontrado a droga. Assim que deixou o hospital, o garoto levou os oficiais de polícia até o apartamento de Jeff.

---

2   Os benzodiazepínicos são medicamentos hipnóticos e ansiolíticos usados no tratamento de transtornos de ansiedade. Eles diminuem a atividade de neurotransmissores do cérebro e, dependendo da dosagem utilizada, provocam a sensação de relaxamento mental, corporal e muito sono. [NE]

Ele não estava em casa quando chegaram, mas os detetives logo descobriram que ele trabalhava na mixagem de chocolate da fábrica Ambrosia Chocolate.[3] Foi lá que o prenderam.

Após receber o telefonema que me informou de todas essas coisas, percebi, pela primeira vez, que Jeff havia cruzado aquela linha que separa a autodestruição intencional da destruição intencional de outro ser humano. Somsack Sinthasomphone era apenas uma vítima, uma criança segundo a lei, e meu filho tinha atraído o menino para o seu novo apartamento, e depois ainda tinha drogado e abusado sexualmente dele.

Após ouvir as notícias, me senti ultrajado, mesmo que, de certa forma, tivesse deixado de me surpreender com qualquer uma das ações de Jeff. Só me lembro de tomar as medidas necessárias para garantir que meu filho pudesse ter o que precisasse naquela situação. Encontrei um advogado de defesa e fiz todos os arranjos necessários para que mamãe pagasse a fiança de 2 mil dólares.

Alguns dias depois, Jeff foi solto. Mais uma vez, ele assumiu a postura que sempre assumia naquelas ocasiões — envergonhado, constrangido, profundamente deprimido.

"Nunca mais vou fazer uma coisa dessas, pai", ele garantiu.

Mas junto dessa afirmação veio outra mentira.

"Eu não sabia que ele era só uma criança", Jeff disse.

Na verdade, o menino revelou sua idade a Jeff logo após conhecê-lo.

---

[3] Em 1992, a Ambrosia Chocolate fechou sua fábrica no centro, mudando-se para uma instalação mais moderna localizada no lado noroeste da cidade. O fechamento ocorreu apenas um ano após a prisão de Jeffrey Dahmer, que havia trabalhado na fábrica e atraiu para ela grande atenção nacional. [NE]

Jeff admitia ter tirado fotos de Sinthasomphone, mas disse que apenas roçou no pênis do garoto quando abria as calças dele. Não tinha tocado nele de propósito. Havia sido um ato acidental, apenas um movimento que fez enquanto tirava as fotografias. Ele não pretendia causar nenhum mal. Como sempre, estava muito arrependido do problema que causou.

No período em que passamos juntos antes de sua sentença, não consegui extrair de Jeff nada além de um envergonhado "Desculpe, pai". Depois disso, meu filho se mudou outra vez para a casa da avó, em West Allis, enquanto voltei a Ohio. Visitei-o algumas vezes depois disso, e ele me telefonou em alguns momentos, mas qualquer proximidade maior entre nós parecia impossível. Nunca falamos sobre o que ele fez. Ele nunca mencionou o jovenzinho que molestou. Era quase como se, após o ato ter sido cometido, toda referência futura a ele fosse imediatamente descartada. Sentia como se não pudesse fazer perguntas e, ao mesmo tempo, Jeff também não se manifestava. Hoje sei que mantínhamos uma parede entre nós, cada um montando guarda de um lado, com determinação equivalente. O menininho apavorado que uma vez resgatei da terra que o sugava estava agora, inquestionavelmente, além do meu alcance.

Quando Jeff foi solto sob fiança, as condições para a sua libertação exigiam que ele voltasse à casa da minha mãe.

Porém, oito meses se passaram entre a data de soltura de Jeff e a data de sua sentença. Durante todo aquele tempo, ele viveu com a avó.

No dia anterior ao que Jeff receberia sua sentença por abuso de menores, dirigi até a casa de mamãe, em West Allis, para acompanhá-lo até o julgamento.

Ele já havia guardado nas malas a maioria de suas roupas, mas, quando olhei ao redor pelo quarto, notei uma pequena caixa de madeira com bordas de metal. Tinha cerca de um metro quadrado e a tampa estava firmemente trancada.

"O que tem aqui?", perguntei.

"Nada."

"Abra a caixa, Jeff."

Ele não se moveu. Percebi o quanto estava agitado, embora tentasse se controlar o máximo possível. Seu nervosismo confirmou minhas suspeitas. Eu já havia encontrado algumas revistas pornográficas em suas coisas e suspeitava que tinha outras ali, trancadas dentro da caixa de madeira. Como não queria que minha mãe acabasse as encontrando, exigi que abrisse a caixa.

"Mas por que, pai?", Jeff perguntou. "Não tem nada dentro."

"Só abra."

De repente, ele me pareceu muito alarmado. "Não posso ter nem um metro quadrado de privacidade? Você precisa fuçar em tudo?"

"O que tem dentro da caixa, Jeff?"

"Nem um metro quadrado?", Jeff perguntou. Ele parecia magoado. "Nem isso?"

Continuei irredutível.

"Eu quero saber o que tem dentro desta caixa, Jeff", respondi com firmeza.

Mas ele não pretendia abri-la.

Então, me virei e me dirigi até o porão para pegar uma ferramenta com que pudesse arrombar a caixa eu mesmo. Jeff pulou na minha frente. Ele tirou do bolso um cheque que eu tinha preenchido como presente de aniversário no dia anterior e o rasgou na frente de mim. "Se você não é capaz de me dar nem um metro quadrado de privacidade, então eu não quero isto aqui."

Encarei-o em silêncio e Jeff, rapidamente, se acalmou.

"Você tem razão, pai", ele disse baixinho. "São revistas, pornografia, esse tipo de coisas. Mas deixa pra lá, tá bom? A vovó vai ficar chateada. Eu abro a caixa para você amanhã de manhã, eu prometo." Ele voltou para a cozinha e colocou a caixa debaixo do braço. "Eu abro para você amanhã de manhã", ele entrou no porão, desaparecendo em seguida.

Na manhã seguinte, Jeff voltou com a caixa. Ele tirou uma chave do bolso e a abriu. "Tá vendo?", disse.

Olhei para baixo e vi uma pilha de revistas pornográficas.

"Jogue isso fora antes que sua avó veja", disse a ele.

"Tá bom, pai", Jeff respondeu, obedientemente, fechando a caixa e voltando ao porão.

Mais tarde, naquela mesma manhã, em 23 de maio de 1989, o juiz William D. Gardner sentenciou Jeff a cinco anos de liberdade condicional, exigindo que servisse por um ano a um programa de ressocialização e capacitação de presidiários, centrado na Milwaukee County House of Correction, no centro de Milwaukee.

Antes da sentença, Jeff falou diretamente com o juiz. Ele se mostrou muito contrito. Disse que compreendia a natureza de seu crime e que se envergonhava de tê-lo cometido. Pediu que o juiz fosse clemente. Esperava receber uma nova chance.

Enquanto eu ouvia suas palavras, descobri que, apesar de tudo, contra todas as expectativas, ainda acreditava que Jeff poderia ser salvo. Naquele momento, eu já tinha conhecimento de que, anteriormente, meu filho tinha sido preso por se exibir para alguns adolescentes na feira estadual. Contudo, só depois eu descobriria que, enquanto estava em condicional, havia não só matado uma pessoa, como guardado a cabeça dentro daquela caixa que ele se recusara a abrir. Porém, como eu ainda não sabia de nenhuma dessas coisas, mantive a esperança de que Jeff, talvez por conta da intervenção de um tempo na cadeia, enfim retomasse o controle de sua própria vida.

No dia em que Jeff recebeu a sentença, eu ainda o enxergava como o menininho que ria uma gargalhada rouca enquanto brincava no jardim com o cachorro, o mesmo garotinho que levei para pescar, patinar e ir ao cinema. O meu filho, a quem havia abraçado milhares de vezes.

Observando-o enquanto enfrentava o juiz naquele dia, era quase impossível acreditar que esse mesmo filho nunca mais seria nada além daquilo — um mentiroso, um alcóolatra, um ladrão, um exibicionista, um molestador de crianças. Eu não conseguia entender como tinha se tornado uma alma tão arruinada e, embora isso pareça inconcebível para mim agora, me permiti acreditar que mesmo aqueles comportamentos repulsivos e grotescos eram apenas uma fase que passaria um dia.

Penso que, aos olhos dos pais, os filhos sempre parecem estar a um piscar de olhos da redenção. Não importa a profundidade em que afundem, sempre acreditamos que basta esticarem a mão em direção à boia salva-vidas que, assim, conseguiremos guiá-los de volta a um porto seguro. Por muitos anos, fui ingênuo a esse ponto. Fui o pai que se agarrava a cada detalhe, acreditava em cada mentira, estendia a mão, e, apesar de tudo, continuava a acreditar que algo podia ser salvo no naufrágio do meu filho.

Apesar de presenciar fracasso após fracasso, de ver Jeff se afundando cada vez mais, continuei, todavia, a dar apoio espiritual, intelectual e financeiro a fim de que ele ainda pudesse ter uma vida decente.

Mas, enquanto observava Jeff falando com o juiz, pude sentir, de uma só vez, todo o peso da minha impotência. De repente, e pela primeira vez, deixei de acreditar que *meus* esforços e recursos seriam suficientes para salvar o meu filho. Enxerguei um jovem ao qual algo de essencial estava faltando. Vi um jovem a quem faltava o elemento fundamental da força de vontade que permite a um ser humano tomar as rédeas da própria vida. Dali em diante, e mesmo enquanto via Jeff ser conduzido para servir a um ano de detenção na penitenciária, eu sabia que se ele pudesse ser "corrigido", isso só aconteceria por meio de algum outro poder ou entidade. Talvez viesse de Deus, pensei. Ou do Estado. Poderia, até mesmo, ser obra de um programa de aconselhamento. Ou apenas qualquer outra pessoa que, contrariando todas as expectativas, ensinaria meu filho a buscar uma vida melhor. Fosse qual fosse essa força, ela teria de vir do entorno de Jeff, e não de mim.

A partir daí, comecei a procurar essa solução externa. Eu já não acreditava que minha insistência era capaz de ajudar meu filho. Eu já não acreditava que podia suportar o peso de sua queda. Por causa disso, sabia que já não nos sentaríamos juntos à mesa para planejar seu futuro, eu não faria sugestões úteis e bem-intencionadas a respeito de sua educação e sua carreira, eu não fingiria mais que tudo aquilo era apenas o caso de uma rebeldia juvenil. Meu filho estava além dos cuidados normais.

Enquanto Jeff cumpria pena, tentei me assegurar de que ele conseguisse qualquer ajuda que precisasse. Escrevi diversas cartas a Gerald Boyle, o advogado de Jeffrey, uma mais enfática que a outra. Assim, conforme os meses passavam, e a soltura de Jeff se tornava mais próxima, tornei-me mais e mais determinado a encontrar alguma ajuda para o meu filho.

Mas eu também não enxergava muitas coisas. Eu continuava acreditando que os problemas de Jeff eram consequência de seu alcoolismo. Acabei me convencendo de que, se aquele vício fosse tratado, então seus outros comportamentos se corrigiriam automaticamente. Eu não queria encarar o fato de que Jeff estava perdido para algo muito mais perigoso que o álcool. Enquanto eu continuasse enxergando meu filho apenas como uma vítima do alcoolismo, eu poderia continuar acreditando que havia um futuro para ele em algum lugar, uma vida que fosse algo mais que a longa queda vertiginosa que tinha sido até então.

Passei a escrever carta atrás de carta para o advogado de Jeff, todas implorando para que ele fosse colocado em algum programa de tratamento que tivesse ótima estrutura. Eu estava convencido de que, se ele saísse da prisão sem ter sido tratado de seu alcoolismo, então continuaria cometendo atos de atentado ao pudor e abuso sexual. Na minha visão, era a dependência ao álcool que enfraquecia sua força de resistência a esses impulsos perigosos e destrutivos.

Perdido em tal ilusão, fiz todos os esforços possíveis e imagináveis para que Jeff fosse colocado em um programa de reabilitação ao álcool. Disse ao advogado dele, inclusive, que não achava que ele devesse ser libertado levando em consideração que não havia recebido nenhum tratamento durante sua estada na cadeia. O sr. Boyle, por outro lado, respondeu que essa questão de reabilitação deveria ser levada ao seu agente de condicional, uma vez que, por ser advogado, sua tarefa era conseguir que seu cliente fosse solto o mais rápido possível, segundo o desejo de Jeff.

Na última carta, o sr. Boyle escreveu que Jeff tinha garantido a ele que tudo estava "sob controle". De acordo com o advogado, Jeff tinha um grande "desejo de voltar à comunidade". Meu filho tinha dito a ele que estava pronto para se inscrever em um programa de tratamento ao alcoolismo e que "nunca mais se meteria em confusão novamente". Boyle disse que, no geral, havia achado a atitude de Jeff "muito positiva". Ele entendia minha hesitação em confiar no autocontrole de Jeff e na minha dúvida sobre seguir qualquer programa de tratamento caso não estivesse sendo supervisionado de perto. Ele chegou até mesmo a dizer que eu "poderia estar certo, no fim das contas", mas seu trabalho era garantir que Jeff recebesse tudo a que tinha direito segundo a lei, neste caso, especialmente, "respeitando a consideração da Corte em realizar uma libertação antecipada". Por fim, em sua última carta, Boyle concluiu, "devo agradecer a você e dizer adeus".

Depois disso, não tive saída exceto recorrer ao tribunal. No dia 1º de março de 1990, escrevi ao juiz Gardner uma carta compartilhando meus receios sobre Jeff, dizendo temer por aqueles que poderia machucar se fosse solto antes que seu alcoolismo tivesse sido efetivamente tratado. Discorri sobre o fato de Jeff ter fugido de intervenção terapêutica no passado, e que, mesmo ao fazer terapia, tinha sido tratado por um profissional sem experiência no tratamento de alcoólatras; além disso, nenhum relatório de progresso havia sido feito pela Corte ou pelo Escritório de Liberdade Condicional.

"Tenho imensas ressalvas quanto às chances de Jeff no momento em que for libertado", escrevi ao juiz Gardner. "Espero sinceramente que você possa intervir de alguma maneira para ajudar meu filho, a quem amo muito e a quem desejo uma vida melhor." Disse ao juiz que tinha ouvido falar a respeito de um programa de tratamento de grande sucesso na reabilitação de alcoólatras e que inserir Jeff em um programa igualmente rigoroso era essencial para o seu futuro. "Sinto que essa pode ser a nossa última chance de conseguir algo duradouro", escrevi na última linha da carta, "a chave está nas suas mãos."

***

No fim de fevereiro de 1990, descobri que Jeff seria solto mais cedo da Milwaukee County House of Correction, tendo servido apenas dez meses da sua sentença de um ano. Ele continuaria em condicional pelos próximos anos, mas, com a exceção de visitas ocasionais a seu agente de condicional, Jeff estaria livre.

Ele foi solto no mês seguinte. Mudou-se de volta para a casa de minha mãe, em West Allis, mas não havia dúvidas de que sua estada ali seria provisória. Mamãe estava com idade avançada e cada dia mais frágil, então Jeff precisaria encontrar um lugar para morar.

Ele encontrou tal lugar no prédio Oxford, na North 25th Street. Depois de aprovado por seu agente de condicional, Jeff alugou o apartamento de número 213.

Durante o feriado de Ação de Graças de 1990, Shari e eu visitamos o novo apartamento. Estava excepcionalmente limpo e organizado. Havia pouca mobília — um sofá bege e uma poltrona fornecida pelo proprietário. A cozinha e a sala de estar eram conjugadas e Jeff abriu com orgulho a porta da geladeira para mostrar como estava limpa. A única coisa que me causou estranheza na cozinha foi o fato de ele ter comprado um congelador.

"Por que você comprou isso?", perguntei.

"Para economizar dinheiro", Jeff respondeu. "Sempre que eu encontrar uma promoção, posso fazer um estoque."

Se muito, aquilo me pareceu uma ideia sensata, então continuei com a minha turnê pela casa.

Um corredor curto levava ao banheiro e ao quarto, separado da sala por uma porta de correr. Jeff havia colocado um ferrolho naquela porta, para deixá-la bem trancada.

"Por que a tranca?", perguntei.

"Só por segurança", Jeff respondeu. "Contra ladrões."

Atravessamos o corredor e entramos no quarto. Lá, observamos duas luminárias pretas de chão, uma televisão e um computador.

"É tudo muito bonito, Jeff", eu disse.

Ele sorriu, orgulhoso.

No caminho de volta para a sala de estar, Shari entrou no banheiro e puxou a cortina do chuveiro. Duas toalhas pretas tinham sido cuidadosamente penduradas sobre a banheira, que estava imaculada.

Um mês depois, durante o feriado de Natal, voltei ao apartamento de Jeff. Dave tinha me acompanhado a West Allis desta vez, então quis que conhecesse o apartamento do irmão. Jeff nos mostrou o apartamento outra vez e, para mim, parecia igual em comparação à última visita, com exceção do elaborado sistema de segurança que ele havia montado para sua proteção. Havia uma câmera instalada em cima da porta e um conjunto de alarmes que, segundo Jeff, emitiriam um som de "fazer a terra tremer" caso alguém tentasse arrombar a porta do apartamento.

"Você parece estar bem seguro por aqui", comentei.

Ele pareceu buscar uma explicação. "Bom", disse por fim, "tem muito assalto na região, e eu não quero que alguém tente invadir a minha casa."

Depois daquela primeira visita, no dia de Ação de Graças de 1990, Shari e eu dirigimos até West Allis para passar o fim de semana com mamãe. Esperávamos que Jeff nos encontrasse lá, mas ele estava muito atrasado. Enquanto aguardávamos, saquei a filmadora e filmei uma breve conversa com a minha mãe. Assim que terminei, ela me levou para dar uma volta pela casa, sorrindo timidamente enquanto a câmera a acompanhava. Apontou para diversos quartos, depois me levou até o porão. Enquanto conversávamos, percorri com a câmera as paredes do fundo e as prateleiras de comida estocada, chegando até uma porta localizada debaixo das escadas, selada com firmeza, exatamente como meses atrás, quando eu descera até lá para procurar por pistas que solucionassem os estranhos odores que surgiam, continuamente, na casa principal. Naquele dia, não havia cheiro nenhum. Há muito tempo não se notava qualquer mau cheiro. Ele havia desaparecido junto de Jeff.

Meu filho chegou no meio da tarde de sábado. Estava impecável, de cabelo limpo e penteado. Usava óculos de armação grandes e uma jaqueta de pano que se recusou a tirar mesmo que dentro de casa estivesse bem quentinho. "Não, não, pode deixar, vou continuar com ela", repetia, "Logo vou ter que sair para fumar um cigarro mesmo…"

Então, peguei a filmadora e gravei um vídeo do meu filho. Através das lentes vi um jovem bonito, esparramado na poltrona, apenas a alguns metros de mim.

Ele sorriu algumas vezes e falou sobre seu novo interesse — peixes de aquário. Jeff respondeu minhas perguntas com educação e, em determinado momento, chegou até mesmo a sentar no chão para brincar com o gato tigrado laranja da minha mãe. Parecia estar com a vida sob controle.

Agora, quando vejo aquele vídeo, enxergo muito mais coisas do que antes. Jeff está sentado na poltrona com uma perna cruzada sobre a outra, um pé balançando no ar. A cada menção sobre seu apartamento, aquele pé se contorce ligeiramente. A cada vez que um de nós diz que gostaria de passar para fazer uma visita, o pé se contorce. Sempre que perguntamos o que ele está fazendo, como vai o emprego ou como passa seu tempo livre, o pé se contorce. Algo em seu olhar distante, morto-vivo, parece até dizer: "Ah, se vocês soubessem...".

Em 22 de julho de 1991, liguei para o apartamento de Jeff diversas vezes. Mamãe havia telefonado mais cedo dizendo que não conseguira contatá-lo; estava preocupada porque ele não apareceu na data em que havia prometido visitá-la. Na manhã seguinte, dia 23 de julho de 1991, por volta das nove da manhã, liguei de novo para o apartamento de Jeff. O telefone tocou muitas vezes antes que alguém enfim atendesse. Ouvi uma voz masculina do outro lado da linha, mas não era a de Jeff.

"Jeff está?", perguntei.

"Jeffrey Dahmer?", o homem perguntou.

"Isso mesmo."

"Não, ele não está aqui agora", o homem respondeu, em uma voz reservada, como se estivesse sendo cauteloso sobre algo.

"Onde está Jeff?", perguntei.

"Ele não está aqui", o homem repetiu, ainda falando com muito cuidado. "Quem fala?"

"Aqui é o pai de Jeff."

Nesse momento, senti o homem prender a respiração. "Você é o pai de Jeffrey Dahmer?"

"Sim", respondi. "Onde está Jeff?"

"Bom, seu filho não está aqui agora."

"Então onde ele está?"

"Alguém vai ligar para o senhor, sr. Dahmer."

"Ligar para mim? Para falar sobre o quê?"

"Um detetive vai te ligar."

"Um detetive?", repeti, pensando então que era provável que Jeff tivesse se metido em confusão de novo, talvez porque estivesse bêbado ou, pior, tivesse abusado sexualmente de outra criança.

"Do que você está falando?", perguntei.

Foi só então que o homem do outro lado da linha finalmente me disse quem era; um membro do Departamento de Polícia de Milwaukee. Ele hesitou por um instante, depois deixou cair o martelo. "Estamos investigando um homicídio, sr. Dahmer", ele disse.

"Um homicídio?", perguntei, e senti que estava prestes a receber o que, na época, eu imaginava que seria a pior notícia que um pai poderia receber — alguém havia assassinado meu filho.

"Homicídio?", repeti. "Você quer dizer que Jeff foi—"

"Não, Jeff não", o homem logo respondeu, o nome do meu filho soando como algo sujo que ele não queria preso na língua. "Jeff está vivo e bem."

- II -

Muitos meses depois da prisão de Jeff, ao fim de um longo dia de trabalho, decidi tirar uma folga e ir ao cinema. Shari e eu escolhemos o filme aleatoriamente, folheando o jornal local até achar algum anúncio que sugerisse uma película mais relaxante que as de costume. O cartaz exibia uma bela paisagem montanhosa. Nela havia um riacho cristalino e um vale arborizado, onde um rapaz solitário fazia pesca com mosca, sua linha de pesca formando um largo arco sobre a água. O nome do filme era *Nada é Para Sempre*.

O filme era sobre um filho desajustado, um rapaz bonito e inteligente que se desviava do caminho apesar de todos os esforços daqueles que o amavam, em especial os dos pais e do irmão. Em duas ocasiões ao longo do filme, as personagens afirmavam, de forma bastante significativa, que a maior tragédia da vida é que as pessoas que menos conseguimos ajudar são justamente as mais próximas de nós.

Sentado ali, absorto, comendo pipoca e prestando atenção à tela, não percebi que essa terrível verdade se aplicava a mim. Depois, quando a conexão foi mencionada, era incapaz de me lembrar das cenas específicas em que ocorriam, e, certamente, não conseguia enxergar que o filho problemático poderia representar Jeff ou que o pai infeliz poderia me representar.

Quando o filme acabou, voltamos para casa e me preparei para dormir. A luz na secretária eletrônica estava piscando, então a liguei para receber as mensagens. Uma delas era um típico trote de telefone, algo que já estava me acostumando a receber. Nesse caso, vinha de um adolescente que, se esforçando para fazer uma voz de monstro de filme de horror, ameaçou: "Eu sou Jeffrey Dahmer e vou voltar para casa neste fim de semana!".

A outra mensagem era de uma mulher. Uma voz que reconheci por causa do inconfundível sotaque sulista. Essa mulher já havia ligado algumas vezes antes, sempre pedindo, com desespero, por notícias de Jeff. Shari e eu sempre nos recusamos a falar com ela, mas ela insistia. "Você sabe quem eu sou", ela disse naquela noite, em uma voz assustadoramente suplicante. "Por favor, atenda o telefone."

Não havia ninguém em casa para atendê-la, mas, mesmo se estivéssemos lá, não o faríamos. Por causa disso, ela prosseguiu, em uma ladainha suave e fantasmagórica: "Atenda, por favor. Atenda, por favor. Atenda, por favor. Atenda, por favor". A mensagem durou cerca de um minuto, a voz dela ecoando na minha sala de estar, implorando para ser "atendida".

Mas eu era incapaz de atender. Não apenas ao telefone. Em um sentido mais amplo, eu não conseguia "atender" a nada que me conectasse a Jeff de qualquer outra maneira que não aquela que eu já havia aceitado, a de que, biologicamente, eu era seu pai, e continuaria seguindo com a minha tarefa da melhor forma que pudesse. Eu o visitaria na penitenciária e aceitaria suas chamadas telefônicas aos fins de semana. Eu enviaria a ele um pouco de dinheiro de vez em quando para que pudesse comprar algumas coisas que a cadeia não fornecesse. Eu lidaria com os pequenos problemas que pudesse vir a ter. Eu tentaria encorajá-lo a aproveitar ao máximo a vida que lhe restava. Havia chegado um momento em que essas eram as poucas coisas a que minha paternidade tinha sido reduzida: rotina e uma série de tarefas pouco exigentes.

Assim, cheguei à conclusão — embora, de alguma forma, isso só tenha me ocorrido vários meses após o julgamento e a prisão de Jeff — de que ainda não era capaz de encarar os elementos mais profundos e assustadores do meu relacionamento com meu filho. Eu ainda estava chocado com seus atos e, ao mesmo tempo, não queria falar a respeito deles. Além disso, sem dúvida, eu não me sentia na obrigação de fazê-lo.

Quanto a Jeff em si, eu ainda não conseguia visualizá-lo como um homicida. E não fazia a menor questão de conseguir. Na verdade, minha mente quase nunca se voltava para essa parte da vida dele. Em vez disso, sempre que eu pensava no meu filho, era no garotinho alegre, congelado na sua inocência, preso com segurança em um passado distante.

Por outro lado, sempre que pensava nele como um adulto, um prisioneiro, um assassino, era como se Jeff estivesse muito longe de mim. Ele parecia longe na distância física que nos separava, o que era óbvio; mas também no caráter e na personalidade, que, para mim, eram coisas menos óbvias. Nesses dois sentidos, ele estava onde eu queria. Em uma distância segura. Muito, muito distante.

Pois o lado mais sombrio da minha paternidade ainda estava além do meu alcance.

CAPÍTULO .08

Na manhã de 23 de julho, liguei para mamãe em West Allis para dizer que tinha ligado para o apartamento de Jeff e algo havia claramente acontecido com ele. Não sabia bem o quê, mas sem dúvida estava metido em problema. Disse a ela que um oficial de polícia havia atendido à ligação. Acrescentei que esse mesmo policial estava investigando um homicídio, mas havia se recusado a revelar mais detalhes. Em vez disso, me instruíra a aguardar por um telefonema.

Para meu espanto, ela informou que a polícia de Milwaukee estava na casa dela naquele exato momento, vasculhando-a minuciosamente, subindo e descendo as escadas do porão e fuçando em todos os cantos do quarto de Jeff.

"Por quê?", perguntei. "O que estão procurando?"

Ela não sabia.

"Não te disseram nada?", perguntei.

Mamãe respondeu de forma vaga, parecia muito atordoada. Era óbvio que não sabia mais do que eu sobre o que a polícia estava procurando enquanto revirava a casa toda; muito menos sobre que crime estavam investigando.

Uma coisa, contudo, era clara. Se a polícia estava investigando um homicídio, e Jeff ainda estava vivo, então era possível que ele fosse a pessoa a ser investigada. Naquele ponto, pela primeira vez, comecei a considerar a possibilidade de que meu filho não houvesse sido vítima de um crime, não tivesse sido assassinado, mas, sim, que fosse ele mesmo o assassino.

Uma possibilidade que foi confirmada quase de imediato. O subcomissário de polícia, Robert Dues, do Departamento de Polícia de West Allis, pegou o telefone. Ele se apresentou e perguntou quem eu era. Respondi a ele e, logo depois, o subcomissário me informou que não havia contado tudo a minha mãe sobre o caso porque a havia achado, nas suas palavras, "um pouco abalada".

"O que está acontecendo aí?", perguntei. "O que vocês estão fazendo exatamente?"

"Estamos conduzindo uma investigação de homicídio junto ao Departamento de Polícia de Milwaukee."

"Mas Jeff não mora com a minha mãe."

"Sim, eu sei."

"Então essa investigação envolve o meu filho?"

"Sim, isso mesmo."

"Então quer dizer que você acha que meu filho matou alguém?"

"Sim, é isso que estamos investigando."

Apesar de tal possibilidade ter me surgido apenas poucos instantes atrás, não consegui deixar de ficar chocado com a resposta brusca do policial. Por um momento, não consegui registrar toda a gravidade daquelas palavras.

"Então, Jeff foi preso?", perguntei.

"Sim, foi."

"Por assassinato?"

"Receio que sim, sr. Dahmer."

Se o subcomissário tivesse dito que meu filho havia sido assassinado, eu teria logo enxergado Jeff como vítima de homicídio, tendo sido morto pelas mãos de outra pessoa, seu corpo jogado em um beco, quarto ou qualquer outro vago cenário que minha mente conseguisse imaginar. Conhecendo Jeff como eu o conhecia, essa possibilidade parecia muito mais fácil de aceitar. Sua timidez, sua passividade, sua baixa autoestima, todas essas coisas o colocavam no papel perfeito de vítima dentro do cenário de um assassinato. Além disso, seu novo apartamento ficava em um bairro um pouco perigoso e eu sabia que ele já havia sido assaltado. Teria sido muito fácil imaginá-lo voltando para casa tarde da noite, talvez bêbado e cambaleando — o alvo perfeito. Eu também sabia que, no passado, quando bebia demais, Jeff já tinha se tornado violento em algumas ocasiões, e se isso ocorresse durante um assalto, tal comportamento poderia culminar facilmente na sua morte.

Mas me disseram algo contrário, que meu filho é que havia assassinado alguém. Embora fosse fácil imaginá-lo assassinado, era impossível vê-lo como o assassino; uma figura sombria, corpulenta, brandindo uma faca ou uma pistola. O Jeff que eu conhecia falava manso demais, era passivo demais, e raramente se enraivecia. Eu o via com facilidade no papel de vítima desafortunada. Ao pensar no cenário de um assassinato, não conseguia imaginá-lo em outro papel.

Liguei para Shari na mesma hora, mas ela não estava no escritório. Eu não conseguiria contatá-la pelas próximas duas horas. Nesse meio-tempo, liguei para Gerald Boyle. Ele já havia representado Jeff anteriormente, no caso de abuso de menores, e pensei que pudesse ter alguma informação sobre a investigação.

Boyle estava muito empolgado.

"Lionel, faz tempo que estou tentando falar com você", ele disse. "O pessoal me ligou a manhã inteira."

"Que pessoal?"

"O pessoal da mídia. A imprensa."

"O pessoal da mídia? O que eles querem?"

"Querem descobrir tudo o que puderem sobre Jeff."

"Descobrir o que sobre Jeff? O que está acontecendo? Ninguém me deu qualquer detalhe."

"Recebi um telefonema da polícia", o sr. Boyle continuou falando. "Jeff foi preso por tentativa de homicídio."

Eu ainda estava confuso, mas me senti um pouco aliviado. Tentativa de homicídio era algo bem menos grave que homicídio. Talvez o policial com que havia conversado na casa de mamãe tivesse entendido tudo errado.

Mas essa sensação desapareceu logo em seguida. Rapidamente, em frases curtas, entrecortadas, Boyle descreveu uma situação que, no mínimo, não se encaixava com uma acusação de tentativa de homicídio. Era óbvio que ele havia se enganado na escolha de palavras, pois Jeff não tinha cometido uma "tentativa" de homicídio, ele a havia concluído.

"Encontraram partes de corpos no apartamento de Jeff", ele disse. "Muitas delas. Todas de pessoas diferentes."

"Pessoas diferentes?"

"Mais de uma", Boyle disse. "Ainda não sabemos quantas. Podem ser três ou até mais. A polícia encontrou vários documentos de identificação no apartamento de Jeff também. A maioria de jovens adultos." Por um momento, ele pareceu desconcertado pelas informações que tinha acabado de me dar. "Não consigo acreditar que esse é o mesmo Jeff que conheço. Você já conversou alguma vez com os agentes de condicional dele?"

"Sim."

"Eles não faziam ideia de que ele poderia fazer algo assim?"

"Não que eu saiba."

Boyle parecia incrédulo, mas logo mudou de assunto. "Bom, me dê mais uma hora que tentarei tirar mais informações da polícia."

Então, nas próximas duas horas, Boyle chegou a ligar mais algumas vezes, embora não tivesse novidades sobre a situação de Jeff. Por fim, quando realmente consegui falar com Shari, eu não tinha nenhuma informação nova.

Já tínhamos conversado mais cedo naquele dia, logo depois de ter ligado para o apartamento de Jeff. Shari e eu concordávamos com a ideia de que ele poderia ter molestado outra criança e, por isso, estivesse sofrendo uma acusação muito grave, mas nada semelhante ao que parecia ter acontecido agora.

"A polícia está investigando Jeff por homicídio", eu disse a ela.

O fato de meu filho estar envolvido com o assassinato de uma pessoa estava tão distante da mente de Shari que ela respondeu: "Suicídio? Jeff tentou cometer suicídio?".

"Não", respondi, falando mais devagar. "Homicídio."

Então acrescentei o único detalhe que, a meu ver, tornava tudo ainda mais chocante. "Foi mais de uma pessoa. Pelo menos três."

Três.

Três assassinatos.

Pelo menos.

O que um pai deve fazer com uma informação dessas?

Fiz o que sempre havia feito. Sucumbi a um silêncio estranho que não era nem enfurecido nem pesaroso; apenas um silêncio, um entorpecimento, um terrível e inexpressivo vazio. Abalado e incapaz de lidar com os pensamentos que rodopiavam pela minha mente, voltei mecanicamente à tarefa rotineira que eu estava fazendo antes de ligar para minha mãe, editar métodos de análise de sílica. Respeitosa e cuidadosamente, com a mais profunda concentração, me dediquei à metodologia química.

Não digo isso com a intenção de mostrar que não estava em choque por tudo que meu filho havia feito, com as várias perguntas sem resposta envolvendo seus crimes, ou com a bizarra visão de oficiais de polícia vasculhando a casa de minha mãe, mas só porque eu precisava, num gesto compulsivo, retornar à única coisa que permanecera previsível e estável na minha vida — o antigo refúgio do laboratório.

Durante aquela longa tarde, não contei a ninguém o que havia ocorrido. Em vez disso, continuei trabalhando para manter a calma, tentando agir como se nada estivesse acontecendo. Ao redor de mim, meus colegas riam e brincavam, seguindo com suas rotinas normais. Meu companheiro de laboratório falou sobre alguns relatórios de análise, sobre a possibilidade de algumas amostras terem sido colhidas. Respondi suas perguntas com o firme profissionalismo que, àquele ponto, parecia ser a única característica irrefutavelmente confiável da minha vida.

Nas horas seguintes, meu mundo interior foi tomado pela atmosfera sinistra e desesperada que envolvia guardar um segredo sombrio. Não era um sentimento novo para mim, mas algo com que, ao longo dos anos, fui me acostumando a conviver. Em 1988, quando Jeff foi preso por abuso de menores, eu havia mantido aquilo em segredo. Também guardei segredo sobre todas as outras coisas que descobri depois disso: a prisão de Jeff por atentado ao pudor, sua homossexualidade,[1] seu vício em pornografia, o roubo do manequim de uma loja. Sem perceber, esses segredos sepultaram minha vida, transformando a parte mais profunda dela em um esconderijo subterrâneo.

---

[1] Na década de 1980, devido ao preconceito e à falta de conhecimento a respeito do avanço da AIDS no mundo, a homossexualidade era considerada uma doença. Foi apenas em maio de 1990 que a OMS retirou a homossexualidade da lista de doenças e problemas relacionados à saúde. [NE]

Agora esse segredo tão bem guardado, protegido com fúria, estava prestes a explodir. A compreensão dessa exposição tão súbita, terrível e particular me manteve em um estado de negação incompreensível.

Contudo, não era uma negação absoluta. É claro que eu nunca acreditei que, em algum momento, o telefone tocaria de repente e alguém do outro lado diria: "Primeiro de abril, é tudo brincadeirinha!". Em vez disso, me esforcei para minimizar a quantidade absurda de informações que haviam chegado a mim. Me convenci de que, ainda que Jeff estivesse envolvido em um assassinato, isso não queria dizer que o assassino fosse ele. Escolhi pensar que, talvez, alguém de fato tivesse sido assassinado no apartamento de Jeff, mas insisti na ideia de que esse assassinato não tinha sido cometido pelo meu filho. Pensei que pudessem tê-lo incriminado, que alguém tivesse armado para cima dele. Talvez as evidências fossem meramente circunstanciais. Era possível que Jeff tivesse apenas encontrado os corpos e, por causa dessa descoberta acidental, houvesse sido escolhido como o principal suspeito de uma série de assassinatos com os quais não tinha qualquer relação. Tentei, desesperadamente, manter meu filho no papel de vítima, de alguém que, por muito azar, havia se enredado em uma trama de terríveis circunstâncias.

Tais conjunturas colocaram minha mente em um estado de suspensão irreal e onírica. Eu me sentia, literalmente, pendurado; observando do alto a minha vida, a de Jeff, e todo o resto que não envolvesse as tarefas de laboratório em que continuava a trabalhar com intensidade feroz. Mas, mesmo enquanto eu trabalhava, era às vezes atingido por ondas de calor, no peito e na cabeça, como se estivesse recebendo, periodicamente, injeções de anti-histamínicos ou niacina. Era como se meu corpo estivesse mandando sinais de socorro, alertando minha mente de que não poderia manter a verdade distante de mim para sempre.

Mas que verdade era essa? A que dizia que meu filho era um assassino? Ou o fato de minha vida estar atada à dele, afundando na mesma areia movediça?

Embora isso pareça horrível para mim agora, hoje sei que a essência de minha resposta emocional naquele primeiro dia nada mais era que o medo de uma exposição pessoal; ter minha vida revelada, nua e crua, e a humilhação excruciante que esse processo causaria em mim. Jeff tinha chegado ao fundo do poço como filho, ao fundo absoluto, e eu podia sentir que estava me arrastando com ele, me puxando para o caos completo em que havia transformado sua vida — e o que é pior, publicamente.

Durante aquela tarde interminável, esse terror profundo e íntimo foi crescendo progressivamente dentro de mim. Para evitá-lo, continuei concentrado no trabalho laboratorial. Completei tarefa atrás de tarefa, minha mente focada apenas nos detalhes, como se, ao me concentrar total e exclusivamente, pudesse continuar distante da desordem assustadora que, de modo repentino, havia tomado para si outra parte da minha vida, aquela que eu controlava com severidade.

Embora eu estivesse funcionando na minha velocidade máxima, só parei de trabalhar por volta das 19h30. Assim, não tive escolha exceto tentar resolver algumas pontas soltas no trabalho, informar meu supervisor e então partir para Milwaukee sem saber por quanto tempo ficaria fora.

Em certo momento daquela longa viagem de volta para casa, parei em uma das paradas de descanso ao longo da rodovia Pennsylvania-Ohio Turnpike e liguei para Shari. Ela me disse que conseguira um voo para a manhã seguinte, em vez daquele agendado para mais tarde na mesma noite. Fiquei aliviado porque queria recuperar um pouco de equilíbrio mental junto a Shari antes de mergulhar nos horrores desconhecidos em Milwaukee. Minha mente ainda estava suspensa, em um estado de irrealidade, transmitindo um turbilhão de imagens desconexas. Mais que tudo, eu revisitava sem parar toda a vida do meu filho. Eu o via como um bebê, depois como um menininho, andando de bicicleta. Eu revia seus olhos no momento em que libertamos aquele pássaro. Queria levá-lo de volta aos tempos de criança, congelá-lo ali, para que nunca pudesse sair do reino de inocência e inocuidade de sua infância, nunca conseguisse alcançar nenhuma das pessoas cuja vida tinha destruído... inclusive eu.

Cada vez que o Jeff adulto surgia na minha mente, eu o deixava de lado, trancava-o em um armário, sufocando-o de trevas, onde ele se sentava, sozinho, tendo como companhia apenas seus atos criminosos. Eu não queria sequer considerar os crimes que cometera, quanto mais deixar que viessem à mente. Ao mero pensamento de assassinato, minha mente se fechava ou mudava de lado, uma manobra que eu usaria durante muitos meses por vir.

***

Quando cheguei, Shari já estava em casa. Ela havia chegado às 19h30. O carro de patrulha do xerife estivera esperando por ela, e Shari convidara, imediatamente, os três homens — dois delegados e um capitão — para entrarem. O capitão, bastante preocupado, apresentou-se e depois perguntou se ela era a mãe de Jeff. Shari respondeu que era sua madrasta e que já sabia sobre a prisão do enteado. O capitão disse a minha esposa que ele e seus homens estavam ali para nos ajudarem da melhor forma possível, bastava um telefonema.

Tão logo cheguei em casa, Shari me contou o ocorrido e, pela primeira vez, a estranheza da nossa situação, a grandeza da mudança que subitamente havia invadido nossas vidas, instalou-se entre nós.

Não éramos apenas pais — nunca mais seríamos. Agora éramos os pais, eu, especialmente, de Jeffrey Dahmer. Jeffrey, não Jeff. Jeffrey Dahmer era outra pessoa, um nome público e formal para um homem que, apesar de tudo, ainda era, ao menos para mim, Jeff, o meu filho. Até mesmo o nome do meu filho havia se tornado propriedade pública, soando estrangeiro para mim, uma designação da imprensa, o nome de um estranho, a despersonalização abrupta de alguém que, pelo menos para mim, ainda era, incontestavelmente, uma pessoa.

Naquela noite, comecei a sentir o peso da identidade pública de meu filho com mais força do que nunca. Quando liguei a TV para assistir ao noticiário das 23h, me sentei no sofá e vi o rosto do meu filho encher a tela do aparelho. Pulei de canal em canal e vi aquela mesma cara surgir diante de mim, de novo e de novo, junto a outras fotografias e vídeos, fotos do edifício onde morava, de homens com máscaras saindo com potes, um enorme barril azul e um congelador. Vi quando levaram embora a geladeira que Jeff, muito descontraído, abrira para nossa inspeção ao visitarmos seu apartamento. Só que, dessa vez, ela estava sendo arrastada escadas abaixo e enfiada dentro de um furgão da polícia. Vi hordas de policiais entrando e saindo, como um enxame, de um prédio cujo significado para mim, até aquela noite, fora meramente casual. Em outras fotos e vídeos, essas mesmas legiões de policiais se amontoavam do lado de fora da casa de mamãe, em West Allis, aglomerados dentro e fora da porta da frente e da porta lateral — com um senso de domínio e autoridade que me atingiu como uma cena surrealista.

Sentada ao meu lado, Shari encarava o televisor sem acreditar, chocada com as imagens que via, enervada com a intrusão dos policiais, mas já começando a cair nessa nova, e radicalmente alterada, realidade. Podia sentir sua tensão ao meu lado, por isso tentei aliviá-la.

"Talvez tudo isso termine algum dia", eu disse a ela.

Sua resposta foi gentilmente direta. "Isso nunca vai terminar, Lionel", ela disse.

Shari estava certa, e enquanto continuei assistindo às notícias daquela noite, o rosto de Jeff surgindo diante de mim, de novo e de novo e de novo, eu já devia saber. Apenas um fim de semana antes, havíamos ido até St. Louis em uma viagem de negócios e parado, no meio do caminho, para visitar Dave em Cincinnati. O bairro dele era cheio de amplas casas vitorianas, por isso, durante a noite, saímos para dar uma longa caminhada por lá. Da rua, podíamos ver pessoas relaxando em suas largas varandas, conversando baixinho, aproveitando a noite agradável de verão. A paz tinha sido muito doce.

No dia seguinte, fomos a uma festa de aniversário, socializando com amigos e alguns colegas de trabalho de Shari. Passamos a noite no Holiday Inn e, por mais estranho que isso me pareça agora, assinamos o livro de registros usando nossos próprios nomes.

Aquela foi a última vez em que nos sentimos seguros de cometer um ato tão transparente e comum quanto assinar nossos próprios nomes, de forma tão inocente e destemida, no livro de registros de um hotel a quase oitocentos quilômetros de casa. Essa parte das nossas vidas, a anonimidade casual, havia sido arrancada de súbito de nós. Nós nos tornaríamos figuras públicas e nunca mais seríamos nada além disso. Pois, assim como Jeff se tornou "Jeffrey", nós nos transformamos em "os Dahmer".

Na manhã seguinte, peguei o voo das 7h para Milwaukee. Uma vez na cidade, meus amigos Dick e Tom Jungck me buscaram e me levaram para encontrar Gerald Boyle no Wisconsin Club. Boyle me garantiu que ficaria no caso e que seu assistente estava com Jeff naquele exato momento, recolhendo seu depoimento. Ele disse que já havia agendado uma conferência de imprensa para aquela tarde e que gostaria que eu estivesse ao seu lado enquanto ocorresse.

Era sem dúvida um pedido normal, uma amostra de apoio entre um pai e seu filho, mas eu me recusei. Ainda estava preservando minha privacidade, meu direito de me manter desconhecido, uma figura dos bastidores. Também estava guardando meu orgulho, qualquer reputação pela qual estivesse lutando enquanto homem, pai e marido. Eu me encolhia diante da perspectiva de ficar parado ao lado do advogado do meu filho, de ser perscrutado por repórteres que iluminariam meu rosto com fachos de luz. Desistir de tamanha privacidade era impossível para mim. Eu era tímido demais, estava chocado demais e incerto demais do que sentia para me colocar em um lugar público e declarar que era eu o pai de *Jeffrey* Dahmer.

Hoje me parece óbvio que eu ainda estava tentando proteger, ao máximo possível, o meu nome — e o da minha família — da enorme humilhação e vergonha que tinha caído sobre nós. Minha mãe, então aos 80 anos de idade, tinha vivido uma vida honesta e decente. Ela nunca havia prejudicado ninguém, por isso eu não queria ver o rosto dela em um programa de televisão, ver a mim, mudo diante das câmeras, um espetáculo público, tão destruído, deplorável e indefeso. Porque meu filho tinha jogado o nome da minha mãe na lama, sentia que era meu dever manter pelo menos aquela parte que ainda era minha, e que, até certo ponto, podia controlar, fora dos olhares da arena pública, fora de todo aquele ódio e escárnio.

Assim, algumas horas depois, quando Boyle surgiu diante das câmeras, cercado de agentes da imprensa, de jornalistas e repórteres televisivos, para declarar que meu filho estava aflito e arrependido, para admitir, pelo menos figurativamente, que ele estava perdido, perdido, perdido, eu não estava ali para ser apontado, para ser questionado, nem sequer para dar um bom exemplo de pai devotado e sofrido.

Desde então, pude entender que, naquela época — e talvez minha maldição seja ser desse jeito para sempre —, eu era uma criatura que selecionava, com consciência, meus papéis. Em vez de ter desenvolvido minha paternidade naturalmente, por exemplo, eu havia aprendido, quase memorizado, como um pai deve se comportar. Ele deve aconselhar. Ele deve levar o filho para pescar. Até certo ponto, havia memorizado minhas obrigações de filho também. Eu devia visitar minha mãe. Eu devia ligar para ela no dia do seu aniversário. Eu devia mandar um cartão de aniversário. Tanto no papel de pai quanto no de filho, eu interpretava muito bem o meu papel.

Até aquele dia de julho, quando Boyle me pediu que eu me colocasse perante o mundo para declarar minha devoção paternal, eu nunca havia experimentado nenhum conflito entre esses dois papéis fundamentais e irredutíveis. Eu podia representar meu papel de pai e filho com igual presteza, a beleza de uma performance enaltecendo a beleza da outra. Porém, subitamente, esses papéis entraram em conflito, tornaram-se linhas entrecruzadas de comportamento, não mais linhas paralelas. Meu papel de pai exigia que eu estivesse ali com Boyle. Meu papel de filho, como guardião do nome da minha família, exigia que não.

Seria muito mais agradável acreditar que fiz essa escolha inspirado por critérios humanos, que amor ou devoção, gratidão ou carinho, tivessem influenciado minha decisão. Mas não foi assim. Não sei exatamente como decidi que não estaria com Boyle na conferência de imprensa daquela tarde.

Talvez meu senso de futilidade sobre tal comparecimento tenha contribuído; a percepção de que Jeff estava muito além dos efeitos benéficos de uma tentativa insignificante como aquela. Minha sensação sobre a futilidade daquela conferência foi reforçada por Dick e Tom, pois ambos ecoaram o mesmo sentimento ao me buscarem após meu encontro com Boyle. Ou talvez meu cérebro tenha decidido jogar cara ou coroa, e, ao atirar a moeda para cima, ela caiu mostrando o lado que exibia o meu papel de filho.

Seja como for, eu não fui à conferência de imprensa daquela tarde, mas à casa de Tom, onde, após fornecer um cordial resumo dos ocorridos durante o dia, entrei no quarto, deitei na cama e dormi. Então, nem sequer assisti à conferência de imprensa. Em vez disso, preferi mergulhar em um breve esquecimento.

Embora tivesse conseguido evitar a conferência de imprensa, não pude evitar as questões com que eu tinha que lidar, ou o fato de que os crimes de Jeff haviam se tornado um fenômeno jornalístico sensacionalista.

Por volta das 15h30, meus amigos me levaram até a casa de minha mãe, em West Allis. Eu sentia que precisava explicar a ela tudo que Jeff havia feito, além de protegê-la do assédio midiático. Quando chegamos à casa, dois repórteres já tinham assumido suas posições do outro lado da rua, filmadoras em cima de tripés, por isso decidimos seguir adiante com o carro e depois virar em um beco que ficava atrás de casa. Contudo, Dick notou outro jornalista parado no beco, então o ultrapassou e parou o carro de forma a bloquear o caminho para que eu pudesse sair e correr pelo quintal até alcançar a porta lateral da casa.

Encontrei mamãe sentada na poltrona reclinável, descansando em silêncio na sala de estar. Ela parecia aliviada de me ver.

"Oh, é você", ela disse.

Ao longo dos minutos seguintes, contei a ela que tinha me encontrado com o advogado de Jeff, planejado sua defesa, e que agora pretendia protegê-la do que, muito provavelmente, seria uma grande quantidade de intrusões indesejadas.

"Vi algumas coisas na TV", mamãe respondeu, ainda perplexa com a agitação causada pela atividade policial que varrera a casa nos últimos dois dias. Sua mente permanecia presa ao passado, todas as memórias de Jeff desconectadas dos eventos atuais.

"Quando vi Jeff", ela disse, "achei-o muito magro. Ele estava pálido." Ela parecia bastante estressada, confusa, sua mente incapaz de absorver a gravidade do que Jeff havia feito. A aparência emaciada e pálida de meu filho constituía uma defesa em sua mente, a evidência de que um homem tão fraco jamais poderia ter cometido um ato tão extenuante quanto um assassinato.

Olhei para fora pela janela da frente, vi os dois repórteres do outro lado da rua e puxei as cortinas. Por um longo tempo, mamãe e eu nos sentamos no silêncio sombrio daquele cômodo escuro. Depois, mamãe continuou a falar, quase obsessivamente, como se, ao falar, pudesse compreender o que meu filho fizera. Ainda assim, sua mente estava embaralhada, vaga, desordenada, e quanto mais ela tentava manter sob controle aqueles acontecimentos que haviam atropelado sua vida, mais aquele horror definitivo escapava de suas mãos. Era quase como um terrível arco-íris às avessas, um pesadelo que, quanto mais caminhava na direção dele, mais recuava, mais se distanciava de seu alcance.

Pela meia hora seguinte, mamãe e eu continuamos sentados no silêncio da sala de estar. Em alguns momentos, parecia que nada tinha acontecido, ou que nada que acontecesse seria capaz de perturbar a nossa paz.

Entretanto, isso nada mais era que uma ilusão, e, obviamente, só conseguimos nos manter nela por pouco tempo. Por volta das 16h30, outros repórteres começaram a chegar, juntando-se ao pequeno contingente que já estava ali. Depois disso, foram se reunindo na casa de minha mãe em um fluxo estável e cada vez maior. Vinham de carro, em furgões, e às vezes até mesmo a pé. Traziam câmeras, tripés, microfones, cadernos. Pisoteavam em flores e arbustos. Tocavam a campainha com tanta insistência que precisei desligá-la. Batiam tão forte na porta que faziam os vidros das janelas chacoalharem. Ligavam ininterruptamente, fazendo o telefone tocar sem parar, até que por fim decidi desconectá-lo. Espiavam pelas janelas e reviravam o que encontravam do lado de fora da casa e dentro da garagem. Gritavam conosco e uns com os outros, suas vozes interrompendo nossas conversas a todo momento.

Para mim, toda essa intrusão era terrivelmente assustadora, mas, para mamãe, era apenas incompreensível. Ela havia vivido uma vida toda se sentindo à vontade para abrir a porta sempre que alguém batia, para atender o telefone sempre que tocava. Parecia-lhe impossível não poder fazer essas coisas.

Mamãe reagia a cada intrusão como se fosse a primeira vez. Incapaz de associar diretamente toda aquela comoção aos crimes cometidos por Jeff, ela continuava procurando uma razão para tudo aquilo. Repetidas vezes, disse a ela que as pessoas reunidas em volta da casa eram apenas jornalistas, pessoas inofensivas, fazendo o próprio trabalho. Era Jeff que eles queriam, informei. Não tinha nada a ver com ela.

Mas, perdida como estava, em sua mente confusa, mamãe achou tais explicações inaceitáveis. Uma vez que ainda não se tinha permitido compreender a gravidade dos crimes de seu neto, ela não conseguia conectar o frenesi que ocorria no seu gramado com qualquer coisa que Jeff houvesse feito. Não importava quantas vezes eu tentasse explicar para ela, mamãe sempre repetia as mesmas perguntas: "Quem é essa gente? O que eles querem? Que barulho é esse?". Resposta nenhuma parecia satisfazê-la, e a cada tentativa seu assombro parecia aumentar, até que, ao cair da noite, ela começou a entrar em um estado oscilante de perda de consciência; seus olhos se mexiam de um lado para o outro, frenéticos, quase temerosos, como um animal preso em uma séria situação da qual não conseguisse escapar.

Por volta das 21h, os repórteres finalmente começaram a ir embora, e, aproveitando o silêncio tão bem-vindo que se seguiu, decidi jogar uma partida de Paciência com mamãe. Tínhamos o costume de jogar Paciência quando eu era jovem, e sempre tive a impressão de que isso a ajudava a relaxar. Quando sugeri tal atividade, mamãe sorriu, radiante, então a guiei, com cuidado, para o quarto, onde nos sentamos na cama para jogar.

Nos minutos seguintes, um profundo silêncio se instalou entre nós, e o semblante de mamãe, que assumira uma expressão quase infantil de medo e ansiedade durante a maior parte da noite, começou a relaxar.

Estávamos na nossa terceira mão quando, de repente, ouvi o som de vários estouros metálicos. O barulho era muito alto, por isso pensei que alguém estava nos atacando; arremessando pedras contra a frente da casa para se vingar de Jeff. Era isso ou algo muito pior, como tiros de revólver.

Levei mamãe correndo para outro cômodo, o mais distante possível da frente da casa, e pedi que ficasse ali. Então disparei para a sala de estar e liguei para a polícia. Depois disso, esperei do lado da janela da frente e, com muito cuidado, espiei para fora. A rua estava escura. Não tinha trânsito de carros. Os sons de estouro tinham desaparecido.

Quando a polícia chegou, abri a porta e saí para o jardim. Não notei nada na rua ou na calçada, mas quando me virei para olhar a casa, vi que a lateral de alumínio branco estava amassada em vários pontos, e que tinha gema de ovo escorrida em pelo menos uma dúzia de lugares.

Não havia nada que eu pudesse fazer além de lavar tudo aquilo, então, com a polícia ainda presente, puxei a mangueira do jardim e lavei a frente da casa de minha mãe.

Pouco tempo depois, por volta das 23h, devolvi mamãe para seu quarto e a coloquei na cama. Nunca esquecerei a confusão estampada em seu rosto, aquela sensação de vulnerabilidade, a escuridão que crescia em seus olhos, todo aquele medo.

"Eram só ovos", disse a ela.

Mamãe me encarou sem entender. "Ovos?"

"Alguém jogou ovos na casa", respondi.

"Por quê?", ela perguntou.

Naquele momento, me sentia incapaz de explicar a ela.

"Só ovos, mamãe", repeti. Então me levantei e caminhei até a porta. Ao chegar lá, me virei e olhei para ela. "Boa noite."

Ela me ofereceu um leve, mas ainda confuso, sorriso. Logo antes de eu apagar a luz, ela disse: "Durma bem, meu filho querido".

Algo que me parecia impossível.

CAPÍTULO .09

Na manhã seguinte, meus amigos me buscaram e me levaram até o Wisconsin Club, onde me encontrei com Boyle. Fomos juntos até o Prédio da Segurança Pública, em que, junto ao Departamento do Xerife e vários outros auditórios, estava localizada a Milwaukee County Jail, cadeia na qual Jeff estava preso. No caminho, Boyle contou que meu filho havia feito algumas declarações que indicavam o desejo de atentar contra a própria vida, por isso, consequentemente, tinha sido colocado na vigilância suicida.[1]

Assim que entramos no Prédio da Segurança Pública, fui escoltado por Boyle e um de seus assistentes até uma sala de decoração austera — paredes pintadas de amarelo claro, mobiliada apenas com um banco longo e uma mesa. Fiquei sentado

---

[1] Processo intensivo de monitoramento aplicado a fim de garantir que uma pessoa não cometa suicídio. Em geral, o termo é usado para se referir a presos ou pacientes em prisões ou hospitais psiquiátricos que estão em risco de cometer danos corporais ou ferimentos fatais em si mesmos e, por isso, precisam de monitoramento intensivo realizado por guardas ou agentes penitenciários. [NE]

ali por um tempo, mais ou menos em silêncio, enquanto Boyle e seu assistente mexiam em diversos papéis, de costas para mim, tentando me dar o máximo de privacidade possível.

Jeff não mostrou qualquer emoção ao me ver. Não sorriu, nem mesmo me cumprimentou. "Acho que desta vez eu consegui", foi a única coisa que disse. E depois, mais uma vez, no que havia se tornado o refrão de uma vida atravessada por um longo pedido de desculpas, ele disse: "Me desculpe".

Dei um passo para a frente, envolvi-o nos meus braços e comecei a chorar. Enquanto o abracei, Jeff continuou parado no mesmo lugar, ainda sem mostrar emoção nenhuma.

"Como está a vovó?", ele perguntou, assim que o soltei.

Foi então que começamos uma conversa típica de nós dois no que dizia respeito à sua inexpressividade; um amontoado de frases curtas, toda uma gama de evasivas por meio das quais falávamos trivialidades, ou seja, recusando-nos a confrontar a gravidade que se assomara sobre nossas vidas, o fato de ambos estarmos vivendo um pesadelo.

"Ela está bem", respondi. "Mandou um beijo."

Jeff parecia sentir que não merecia aquele carinho.

"Eu sinto muito por todos os problemas que causei a ela."

"Bom, ela vai ficar bem", disse a ele. "Se bem que já tivemos que enfrentar alguns problemas em casa. Muitos repórteres, esse tipo de coisa..."

"Então eles estão mesmo incomodando vocês?"

"É, estão sim. Alguém jogou ovos na casa."

Ele me encarou inexpressivamente.

Eu o encarei inexpressivamente.

"A polícia está nos ajudando", acrescentei, depois de um breve momento. "Fazem o melhor que podem."

"Bom, talvez os repórteres decidam ir embora depois de um tempo."

"Talvez."

Seguiu-se um longo silêncio entre nós. Então, Jeff assentiu brevemente, inexpressivo, um movimento que era quase um espasmo.

"As rosas estão bonitas", comentei. "Aquelas, sabe? Que você plantou."

"Que bom."

"As amarelas e as cor-de-rosa também."

"Que bom. É um jardim muito bonito."

"A gata também está bem. Ela sempre quer ser escovada."

Jeff assentiu.

"Você sabe o quanto ela gosta disso."

"É."

"Ela pede o tempo todo para ser escovada", continuei. "Lembra que sempre era você que fazia isso?"

Ele só me encarou, em silêncio.

Dei de ombros e não acrescentei nada mais.

"Eu não sei o que dizer", Jeff disse, por fim.

"Eu também não."

"Eu realmente pisei na bola desta vez."

"Sim, pisou mesmo."

"Eu ferrei com tudo."

"Bom, você ainda pode receber tratamento, Jeff", eu disse a ele. "Eu nunca consegui perceber o quanto você estava doente."

Ele não disse nada.

"Você precisa de ajuda, Jeff."

"Acho que sim", ele respondeu, sem entusiasmo.

"Precisamos garantir que você consiga ajuda."

Ele assentiu.

"Você sabe, ajuda mental."

"Acho que sim."

"Talvez você consiga melhorar, Jeff."

"Talvez."

"Com a ajuda de profissionais, de gente que possa te ajudar."

Ele mal parecia me ouvir. "Como está Shari?", perguntou, embora sem mostrar interesse.

"Bem."

"Que bom."

"Ela mandou um beijo."

"Que bom."

"Ficou em casa, em Ohio."

"Ela não veio?"

"Não, ainda não."

Jeff permaneceu em silêncio por alguns segundos, então, de repente, desabafou: "A comida daqui é muito ruim".

"É?"

"E é difícil dormir. Tem muita gente gritando."

"Bom, faça o seu melhor", respondi.

"Eles deixam as luzes acesas o tempo inteiro."

"Bom, tente dormir."

"Ok."

"Você precisa dormir."

Ele pensou por um momento, como se estivesse repassando os eventos dos últimos anos, então rolou os olhos para cima e encarou o teto. "Eu realmente pisei na bola."

"Sim, mas Shari e eu estamos com você, Jeff."

"Desculpa", ele disse de novo, com aquela mesma apatia e falta de emoção. Parecia incapaz de compreender as enormes consequências daquilo que havia feito. "Desculpa", ele repetiu.

Desculpar, Jeff?

Pelo quê?

Pelos homens que matou?

Pela agonia dos familiares deles?

Pelo tormento de sua avó?

Pela ruína de sua própria família?

Não havia maneira de descobrir pelo que Jeff estava se desculpando.

Foi naquele exato momento que enfim consegui ter um vislumbre da loucura de meu filho, que a enxerguei fisicamente, como uma cicatriz atravessando seu rosto.

Era impossível saber por quem ou pelo que Jeff pedia desculpas. Ele nem sequer podia fingir arrependimento, quanto menos senti-lo. O remorso estava muito distante dele, algo que Jeff provavelmente percebia como uma emoção sentida por pessoas de uma outra galáxia. Ele estava além daquele papel, era incapaz de atuar de forma apropriada. O seu pedido de desculpas eram restos mumificados, um artefato obtido de um período longínquo quando ainda era capaz de sentir ou, pelo menos, de imitar a extensão normal de um sentimento.

Então, de repente, me lembrei da infância de Jeff, e seu afastamento de tudo deixou de me parecer apenas timidez, ganhou contornos de uma desconexão, a abertura de um abismo intransponível. Seus olhos deixaram de parecer apenas inexpressivos, mas eram, sim, totalmente vazios, ultrapassando as formas básicas de empatia e compreensão, incapazes até de imitar tais emoções. Ao se apresentar diante de mim naquele instante, meu filho, talvez pela primeira vez na vida, se mostrou exatamente como era; desprovido de sentimentos, emoções reduzidas ao mínimo possível, um jovem profundamente, profundamente doente, que, ao que tudo indicava, não tinha salvação.

Jeff vai se matar, pensei, sentindo uma estranha certeza. *Ninguém consegue viver assim.*

Alguns minutos depois, ele foi levado de volta, ainda caminhando naquela mesma postura rígida, com as mãos algemadas à frente dele. *Ninguém consegue viver assim*, repeti, sem parar, para mim mesmo. Ainda assim, de certa forma, eu viria a descobrir ao longo dos meses seguintes que eu mesmo havia vivido "assim": um homem que achava quase impossível expressar os próprios sentimentos; que se focava nas minúcias da vida social e no geral perdia a noção do resto; que dependia de outros para guiarem suas respostas à vida porque não conseguia confiar na própria percepção de como as coisas realmente funcionavam; um homem cujo filho era apenas uma versão mais profunda, mais tenebrosa, de sua própria sombra.

***

Após meu encontro com Jeff, Boyle e eu voltamos ao Wisconsin Club. Durante a viagem, ele disse que, em sua opinião, Jeff era louco, e aquela insanidade era a única defesa possível. Ele afirmou que já tinha um psiquiatra em mente, alguém que poderia conduzir uma avaliação psiquiátrica. Contudo, não deu detalhes sobre a loucura na qual meu filho se enquadrava. Não nomeou nenhum transtorno específico. Tal afirmação só poderia ser feita, segundo Boyle, após um vigoroso estudo psiquiátrico.

Estava claro que a intenção dele não era tirar Jeff da cadeia, mas transferi-lo para um hospital psiquiátrico. Em um hospital, Boyle disse, Jeff poderia conseguir mais ajuda psiquiátrica do que na prisão e, quem sabe, em algum momento, pudesse até se tornar são.

Tudo isso me soou bastante razoável. Eu não queria, em hipótese alguma, que Jeff fosse solto. Ainda que a extensão completa de sua loucura fosse desconhecida para mim, o homem que havia encontrado naquele quartinho amarelo da Milwaukee County Jail era obviamente insano. Ainda assim, mesmo que eu acreditasse na possibilidade de libertação, qualquer tentativa teria me parecido absurda.

Naquele ponto, eu acreditava que o que nos separava, de forma poderosa e permanente, era a insanidade do meu filho. Ele vivia em um mundo próprio. Eu nunca conseguiria entrar naquele lugar. Sempre estaríamos separados pela barreira de sua doença mental. De certa forma, eu não conseguia enxergar nada além de sua loucura.

Em alguns momentos do passado, cheguei a dizer a mim mesmo, e às vezes a Shari: "Ele é doido!". Eu geralmente proferia essa frase em meio a uma onda de raiva e frustração, sempre com a intenção de dizer que era uma pessoa desregrada, incapaz de manter uma vida estável ou de resolver os próprios problemas. Nunca me ocorreu que ele pudesse estar arquitetando alguma coisa ou, ainda, que — durante todo o tempo em que estive tão preocupado com Dave, com meu trabalho no laboratório ou tentando superar o meu divórcio — meu filho mais velho estivesse enlouquecendo pouco a pouco.

Porém, agora, de uma hora para outra, eu conseguia enxergar a insanidade de Jeff em tudo que o envolvia. No rosto imóvel, nos olhos embotados, na rigidez inflexível de seu corpo, na forma como os braços não se balançavam quando ele caminhava e até na maneira inexpressiva com que murmurava: "Desculpa".

Também estava presente, é claro, em seu comportamento homicida. Contudo, e isso reconheço desde então, se não fossem os homicídios, se a insanidade de meu filho não tivesse aparecido, inegavelmente, em meio àqueles crimes, eu jamais a teria percebido. Se Shari não tivesse encontrado Jeff bêbado em seu quarto, eu não teria descoberto seu alcoolismo. Se mamãe não tivesse encontrado o manequim roubado no seu guarda-roupa, eu não o teria achado estranho e, com certeza, muito menos um ladrão. Se eu não tivesse recebido uma grande quantidade de informações após sua prisão por abuso de menores, jamais teria ocorrido a mim que Jeff fosse homossexual; mesmo que meu filho nunca tivesse tido um encontro, levado uma "colega" ao baile,[2] e que, ao longo de todos aqueles anos de vida

---

2   Na Graphic Novel *Meu Amigo Dahmer*, lançada em 2017 pela DarkSide® Books, escrita por Derf Backderf — que foi colega e amigo de Dahmer durante a década de 1970 —, o autor relata de forma detalhada a história de Jeff e sua acompanhante no baile de formatura que aconteceu em 1978. [NE]

adulta, nunca tenha demonstrado o menor interesse em mulheres. Era um nível de alheamento, ou até de negação, inimaginável, ainda que real. Era como se eu tivesse trancado meu filho numa cabine à prova de som, depois fechado as cortinas para que não conseguisse ver ou ouvir o que havia se tornado.

Ainda assim, naquela época, a extensão dos crimes de Jeff, o fato de que tinha matado muitas pessoas, não podia estar mais clara para mim. Era a natureza perversa de sua gana assassina, os pensamentos e as fantasias dementes que precederam e se seguiram aos assassinatos, que permanecia indefinida para mim. Embora muita informação, a maioria dela incompreensivelmente horrenda, tivesse surgido em função dos ocorridos no Apartamento 213, a história completa dos crimes cometidos por meu filho continuava obscura.

Contudo, mesmo que soubesse de tudo desde o começo, não sei se teria conseguido lidar com tais descobertas. Ainda que tivesse aceitado o fato de Jeff ser um assassino sexual em série, uma parte de mim era incapaz de ir além desses recentes e horrendos ocorridos.

Então, uma parte de mim apenas se fechou. Eu lia os jornais, assistia às notícias, mas não me aprofundava em nada. Não pedi que Boyle me mantivesse informado dos detalhes do caso. Tampouco conversei com a polícia para que me relatasse em que pé andavam as investigações criminais. Uma parte de mim não queria saber: aquela parte que continuava em negação, mínima e evadida; aquela parte que, contra toda a razão e o enorme peso das evidências, ainda berrava: "Não, não foi Jeff!".

***

Depois de ver meu filho, fiquei na casa de mamãe por alguns dias e depois voltei para Medina County, um lugar próximo de Akron, onde Shari e eu vivíamos em um condomínio dentro de uma espaçosa área residencial. Ficava perto do trabalho dela e longe do meu, por isso, nos últimos anos, era costume que eu passasse a semana fora, no emprego, em Pittsburgh, voltando para casa somente aos finais de semana.

Tão logo cheguei em casa, Shari me atualizou sobre tudo o que havia acontecido nos últimos dias. O mesmo tipo de furacão midiático que havia devastado a casa de minha mãe também havia passado por ali. Os repórteres haviam montado guarda em diversos lugares ao redor da casa. Shari ouvia seu nome sendo chamado o tempo todo do lado de fora, os jornalistas implorando para que desse uma entrevista. Não houve trégua nas intrusões, nos toques de campainha, nos telefonemas. Em resposta, Shari desligou a campainha e deixou que a secretária eletrônica atendesse nossas chamadas. Ela disse que, por dias, havia se sentido como um animal enjaulado. A situação ficou tão insustentável que o Departamento de Polícia recomendou a ela que deixasse a casa, embora Shari tenha recusado. Também recomendaram que mudasse o número de telefone para um que não estivesse na lista telefônica, mas minha esposa também se recusou a fazer isso.

"Eu me recuso a ser expulsa da minha própria casa", ela disse aos oficiais de polícia.

Durante todo aquele tempo, Shari acrescentou, apenas um de nossos vizinhos ofereceu alguma espécie de apoio. "Nunca me senti tão sozinha em toda a minha vida."

O que parecia mais difícil de compreender era que nós, nós mesmos, não havíamos feito nada para merecer tamanha atenção indesejada. Mas isso já não importava mais. Talvez nunca tenha importado. Éramos "os Dahmer". Nunca mais seríamos nada além disso.

Naquela noite, mal nos falamos. Era quase como se tivéssemos sido esvaziados. Sugados, exauridos, parcialmente anestesiados, sentamo-nos no sofá e assistimos à televisão. Mas logo descobriríamos, cada um à sua maneira, que mesmo essa atividade leve e relaxante, tão comum entre as pessoas normais no fim de um dia cheio de trabalho, se tornaria para nós uma fonte de tensão extrema e inevitável. Pois, a qualquer momento, no meio do filme de comédia, na parte final da novela, logo antes de um comercial, podíamos, de repente, deparar-nos com o rosto do meu filho. Um rosto que eu não queria ver de jeito nenhum.

Quando voltei para casa naquele domingo, 28 de julho de 1991, esperava retornar ao trabalho no laboratório logo na manhã seguinte. A vida precisava continuar, eu dizia a mim mesmo, e, certamente, levando em consideração todos os projetos que precisei deixar em suspenso para voar até Milwaukee, eu precisava voltar o mais rápido possível para botá-los em ordem.

Mas meu retorno à rotina de trabalho não seria tão fácil assim. Na noite de domingo, decidi ligar para o meu diretor de departamento pessoal. Ele disse que uma caravana de veículos midiáticos, equipados com antenas de transmissão, haviam comparecido ao laboratório na quarta-feira. Haviam ocupado toda a rotatória da entrada. Por isso, poucas pessoas tinham aparecido para trabalhar no segundo dia. Por essas razões, o diretor achava melhor que eu continuasse em casa. "Talvez você devesse ficar em Ohio até a poeira baixar", ele disse.

Assim, naquela manhã de segunda-feira, nem Shari e nem eu fomos trabalhar. Em vez disso, ficamos em casa ouvindo ao toque incessante do telefone que, antes, era convidativo, ou nada indesejado, pelo menos, mas que agora assumira uma força dissonante e estarrecedora, como se tivesse se tornado o único instrumento contundente que o mundo podia usar contra nós.

Desde o início, a natureza daquelas chamadas telefônicas era bastante diferente das cartas que, logo depois, começaram a chover sobre nós. Às vezes recebíamos ligações de pessoas oferecendo suas casas a nós como refúgio, além de mensagens compreensivas e carregadas de empatia genuína. Contudo, costumava ser o oposto. No geral, era um canal de televisão, um jornal, uma revista, todos desesperados por uma história. Em outras ocasiões, era um advogado se oferecendo para representar Jeff ou um psiquiatra ou psicólogo tentando conseguir autorização para examiná-lo. Raramente era algo pior. Pessoas que estavam obcecadas por Jeff, que queriam falar com ele, que fariam de tudo para encontrá-lo.

Alguns dias depois da prisão de Jeff, um dos aspectos de seus crimes se tornou terrivelmente óbvio — a questão da raça.

Desde o início, o fato de a maior parte das vítimas de Jeff ser composta de pessoas negras fez com que todos acreditassem que seus assassinatos haviam sido motivados por preconceito racial, e, por isso, acreditavam que meu filho havia escolhido homens negros de propósito. De todas as acusações feitas contra Jeff, essa era a única que não me parecia verdadeira. Meu filho havia cometido coisas terríveis, mesmo que, naquela época, eu ainda não soubesse quão terrível haviam sido, mas eu já sabia então que seus assassinatos não eram motivados por violência racial. Jeff queria corpos. Corpos musculosos e masculinos. Era só isso. A cor da pele das vítimas não importava para ele.

Muitas pessoas, no entanto, não concordavam comigo. Elas viram os rostos das vítimas de Jeff, perceberam que a maioria delas era negra, e tiraram suas próprias conclusões. Conclusões estas que atraíram muitas pessoas, até mesmo algumas celebridades, mas, ainda assim, aquela era uma ideia que eu não podia aceitar. Havia muitas, muitas coisas que eu não sabia, e nunca saberia, a respeito de Jeff. Mas uma coisa que eu sabia é que ele era louco. Eu havia tido uma amostra daquele desvario, por isso podia afirmar que aqueles crimes não tinham nada a ver com racismo, mas tudo a ver com uma completa insanidade. Ele havia atacado jovens negros apenas porque eram vítimas mais fáceis.[3] Muitos deles eram pobres, então realmente precisavam dos míseros 50 dólares que Jeff oferecia. Outros apenas estavam por ali, no bairro, e meu filho tirou vantagem dessa conveniência. Eu enxergava os assassinatos de Jeff nesses termos, do ponto de vista analítico, não emocional.

---

3   Jeffrey Dahmer morava em Milwaukee, Wisconsin, e seu apartamento estava localizado em um bairro de moradores predominantemente negros. [NE]

Mas muitas outras pessoas enxergavam os crimes de forma diferente, por isso, nos dias seguintes, fizeram protestos e exigiram que o chefe de polícia de Milwaukee fosse demitido, junto dos policiais que, por diversas vezes, falharam em capturar Jeff.

A cidade parecia prestes a explodir, e, conforme assistia à tensão que crescia em Milwaukee, também me parecia inconcebível que algo tão gigantesco pudesse ter sido causado pelo meu filho. Eu só conseguia me lembrar daquele jovem passivo e um tanto desinteressante, um fracasso em todas as áreas da vida, alguém que trabalhava na mixagem de uma fábrica de chocolate, um emprego não muito diferente do cargo de um operário. Agora, não só meu filho era famoso, mas também era o catalizador de milhares de reações diferentes. Durante toda a sua vida, a meu ver, Jeff tinha sido tão pequeno... Em certos momentos, tão minúsculo que eu mal conseguia enxergá-lo. Porém, agora ele era enorme, uma personalidade pública em torno da qual forças imensas rodopiavam. Como era possível que esse fosse o mesmo Jeff que se comunicava por meio de resmungos, que vendia o próprio sangue em troca de bebida, que murmurava seu pedido característico de desculpas a cada transgressão, para depois se afastar, humilhado e constrangido? Como um homem tão pequeno e insignificante poderia ganhar tamanho destaque em uma velocidade quase inimaginável? Como uma figura tão apagada, inexpressiva e até mesmo patética podia fomentar tamanho interesse? Nunca o profundo abismo que separava o que Jeff era daquilo que havia feito me pareceu tão amplo.

***

Naquela época, é claro, não me ocorrera que Jeff não era o único que estava sendo transformado em um símbolo; Shari e eu também estávamos passando pelo mesmo processo.

Todavia, conforme os dias passavam, nós dois fomos percebendo que nossas vidas haviam se tornado gigantescas, adquirindo uma significância inesperada para um vasto número de pessoas que nunca tínhamos encontrado e jamais conheceríamos.

Por anos, Shari e eu vivemos em paz perto de Medina, éramos apenas um casal comum que recebia o correio como todo mundo: cartas de parentes, propagandas, contas, até mesmo algum folheto qualquer que não se importava em se referir a nós pelos nomes, listando-nos apenas como "Moradores".

A anonimidade daquela vida terminou abruptamente junto à descoberta dos crimes de Jeff. Poucos dias depois de terem sido revelados, o rosto de Jeff estava estampado em todos os jornais, em todas as telas de televisão, e quase toda carta em Ohio endereçada "aos Dahmer", mesmo que não constasse o endereço completo, vinha para nós. Elas começaram a chegar nos primeiros dias após a prisão de Jeff. Vinham de todo o Estados Unidos e de muitos outros países estrangeiros. A maioria delas era acolhedora; cartas escritas por pessoas dizendo que gostariam que soubéssemos o quanto sentiam muito pelo nosso sofrimento, embora admitissem que não podiam imaginar o tamanho dele. Algumas vinham de organizações, como a CURE (*Citizens United for Rehabilitation of Errants*), associação formada por familiares de pessoas encarceradas. No geral, eram cartas de apoio, cartas de aconselhamento.

Também havia outro tipo de carta; proveniente de pessoas que se identificavam como genitores cujas vidas haviam sido consumidas no fogo da parentalidade. Pessoas que se compadeciam da nossa provação. Com relatos comoventes, muitas delas tinham filhos que haviam se desviado do caminho de maneiras terríveis. Era comum que começassem com frases como "Tenho um filho" ou "Tenho uma filha" e, depois, narrassem como nunca mais haviam visto ou tido contato com aquela pessoa, no geral um rapaz ou uma moça que tinha escorregado de suas mãos e caído no mundo das drogas, nos braços de más companhias ou apenas se isolado do mundo e nunca mais retornado. Eles sempre nos encorajavam a ficar do lado de Jeff, assim como haviam apoiado os próprios filhos.

Shari lia todas essas cartas. Eu sempre a via sentada, sozinha, com pilhas delas jogadas aos seus pés. Li pouquíssimas e, mesmo assim, somente aquelas que separava para que eu lesse. Eu não queria lê-las, por isso era difícil compreender por que Shari fazia tanta questão. Eu não queria ter sentimentos por essas pessoas ou me associar com elas. Shari, contudo, se solidarizava por cada uma, e eu podia ver o impacto que isso causava nela. Ela havia se casado comigo pensando que poderíamos viver uma vida pacífica juntos. Agora se via como o símbolo vivo de tudo que pode dar errado, mesmo que você decida viver uma vida comum e cuidadosamente regrada. Desde o início, o desarranjo da minha primeira família havia invadido nosso casamento. A turbulência emocional envolvendo a luta pela custódia de Dave, os primeiros problemas de alcoolismo de Jeff, depois a prisão dele por abuso de menores... Só isso seria suficiente para abalar qualquer casamento. Com certeza, quando Shari se casou comigo, não esperava enfrentar complicações tão desagradáveis. Agora, contudo, em acréscimo a tudo o que já havia acontecido, ela havia sido atingida pelo furacão dos crimes de Jeff, e, conforme as semanas passavam, tornou-se muito claro para mim que nunca seria capaz de superar aquilo. Sem saber, sem que eu tivesse dado a ela a menor dica de que seria assim, Shari havia se casado comigo para viver um pesadelo interminável.

Dia após dia, com o passar dos meses, vi a tensão da nova realidade consumir minha esposa, tanto física quanto mentalmente. Vi sua saúde se deteriorar, e seu humor, geralmente animado, se tornar sombrio, repleto de uma resignação pessimista. Eu a vi insone, chorando, exausta e deprimida. Eu não sabia o que dizer ou o que fazer sobre qualquer uma dessas coisas. Conseguia enxergar a mancha de meu primeiro casamento se espalhando sobre o segundo, observar os crimes de Jeff envenenando tudo ao redor. Um terrível senso de incapacidade me invadiu, e me senti como Jeff, um homem que não tinha nada a oferecer, exceto um monótono pedido de desculpas.

Voltei ao trabalho pela primeira vez no dia 6 de agosto, uma terça-feira. Alguns dos meus colegas de trabalho expressaram sua solidariedade e ofereceram qualquer ajuda que eu pudesse precisar. Outros admitiram não saber como reagir ou o que dizer. Outros, ainda, voltaram logo para suas tarefas, evitando a questão por completo. Um colega, por sua vez, disse simplesmente, "Pela graça divina, Lionel!", querendo dizer que isso poderia acontecer a qualquer pai.

Shari voltou ao escritório pouco depois de mim. Ela enfrentou uma situação semelhante. No trabalho, os colegas a saudaram casualmente, depois voltaram às obrigações, fingindo ao máximo que nada havia acontecido. Isso era compreensível, é claro. O que havia para se dizer?

No geral, contudo, o trabalho havia se tornado, mais uma vez, o meu refúgio; um lugar mais seguro que minha própria casa, o local no qual eu podia escapar do tornado que havia envolvido meu lar, se enfiado na minha vida através de cartas que eu não queria ler, ligações de telefone que eu não queria atender, e um casamento que, às vezes, parecia estar se desintegrando.

Alguns telefonemas, no entanto, eu ainda precisava atender. Um deles envolvia minhas responsabilidades enquanto filho. Nas semanas seguintes à prisão de Jeff, a saúde de mamãe passou por um súbito declínio, tanto físico quanto mental. Ela já não vivia mais na casa da nossa família, seu lar há 51 anos. Os crimes de Jeff, e sua subsequente notoriedade, tornaram impossível que continuasse vivendo na casa que ela e o marido construíram em 1939. Consequentemente, logo após a prisão de Jeff, e para garantir sua segurança, mamãe tinha se mudado para a casa de uma amiga. Depois disso, ela nunca mais cuidaria do jardim no qual havia trabalhado durante a maior parte de sua vida, onde cultivava flores que havia trazido da antiga propriedade de sua família.

Visitar mamãe durante seu período de enfermidade foi uma experiência extenuante. Sofrendo então de demência senil, ela não tinha sido capaz de se adaptar à nova residência. Todas as noites, minha mãe procurava pelas escadas que levavam até seus aposentos na casa de West Allis.

Nos meses que se arrastaram entre a prisão e o julgamento de Jeff, transitei sem cessar entre meus papéis de pai e filho, às vezes agindo até como mensageiro entre minha mãe e Jeff. Em minhas viagens para Milwaukee, costumava me deslocar da casa de mamãe para a cadeia onde Jeff estava preso. Em certa ocasião, ela quis gravar uma mensagem para o meu filho. Por mais que estivesse debilitada, sua lucidez indo e voltando, mamãe lutou para conseguir gravar a última mensagem que daria a ele. Com a voz muito fraca, lenta e pesadamente, ela disse ao gravador que coloquei próximo de seus lábios: "Eu te amo, Jeff".

No dia 28 de agosto, Shari e eu nos encontramos com Boyle e um de seus assistentes a fim de discutir o caso de Jeff. Foi a primeira vez que Shari e Boyle se viram pessoalmente. Queríamos descobrir se Boyle iria, de fato, representar Jeff ao longo de todo o procedimento de julgamento. Se decidisse fazê-lo, gostaríamos de saber a natureza de sua defesa e o custo aproximado do trabalho.

A reunião não correu bem. A mim ficou óbvio que Boyle estava guardando muitas informações ao responder minhas perguntas. Ele afirmava que Jeff não queria nos ver porque se envergonhava muito de seus crimes, por isso era melhor que não fizéssemos nada que pudesse potencializar seu estresse. Além disso, o advogado parecia incapaz de fornecer uma taxa fixa por seus serviços.

No que dizia respeito à defesa, por outro lado, Boyle disse que ainda estava determinando a natureza exata do processo. Informou estar entrevistando psiquiatras, psicólogos e especialistas forenses, e que só poderia traçar sua defesa com exatidão depois de receber o aporte desses profissionais.

Ao deixar a reunião, eu me sentia aturdido, incapaz de compreender em que pé estava a defesa de Jeff — se é que ela existia. Mais do que nunca, o destino de meu filho parecia ter escapado de minhas mãos. Eu nem sequer podia me encontrar com Jeff sozinho! Seu futuro estava nas mãos de outras pessoas. Agora, minha única tarefa era "parecer" um bom pai, esperar pacientemente pelo julgamento e, depois, ocupar meu lugar reservado no tribunal. De certa forma, tão impotente e tão inexpressivo quanto o manequim que Jeff uma vez escondeu em um armário escuro no seu quarto de West Allis.

Por volta do outono de 1991, Shari e eu já tínhamos ouvido meu filho ser descrito tantas vezes como um monstro, uma besta e um demônio, que sentimos ser hora de nos pronunciarmos para que o mundo soubesse que havia existido um outro Jeff, que ele já havia sido um garotinho muito parecido com todos os outros. Queríamos ressuscitar aquela infância, embora, ao mesmo tempo, não desejássemos ser coniventes com nada que o homem adulto havia feito. Também queríamos nos comunicar com as famílias das vítimas; deixar claro que, ao "apoiarmos" Jeff, não estávamos, de maneira alguma, apoiando o que havia feito, pois estávamos tão horrorizados quanto elas com a natureza de seus crimes.

Assim, no dia 10 de setembro, consentimos em dar nossa primeira entrevista televisiva. Foi transmitida pelo *Inside Edition* e conduzida por Nancy Glass.

Durante a entrevista, eu disse que me sentia bastante responsável por tudo que meu filho havia feito, além de um "profundo sentimento de vergonha". Nessa hora, minha voz falhou e rapidamente alcancei o copo de Coca-Cola colocado na mesa ao meu lado, me escondendo atrás dele. Então, continuei, minhas palavras meio abafadas, minha voz ainda falhando ligeiramente: "Sempre que consigo me desassociar dessa coisa", eu disse, "fico bem".

"Você perdoa o seu filho?", a senhora Glass perguntou de modo incisivo.

"Essa é uma pergunta difícil", retruquei. Fiz uma pausa, então acrescentei. "Não posso dizer que sim."

Quando assisto ao vídeo agora, vejo um homem muito controlado, vestindo um terno azul e uma gravata escura, um homem se escondendo atrás de um copo, um homem incapaz de perdoar o filho, que, poderosa e desesperadamente, quer se desassociar "dessa coisa". Se alguém se debruçar e, com atenção, procurar por amor nesse vídeo, não encontrará nenhum. O que encontrará, de fato, será uma grande quantidade de dor. Lembro-me de sentir um profundo e violento pesar pelas vítimas e pelo que estava por vir para Jeff e nós. Assistindo ao vídeo, consigo detectar um homem cuja vida foi manchada pela vergonha, alguém que deseja que os holofotes se apaguem para que possa voltar às sombras, mas é quase impossível encontrar um homem consumido pelo luto ou pelo amor. Ele quer se livrar "dessa coisa", "essa coisa", acredito, como sendo o horror cometido pelo meu filho.

Claramente, não é uma visão lisonjeira de mim mesmo, em particular se comparada com a doçura e a sinceridade da aparição de Shari, a transparência de seus modos, o carinho óbvio que fluía através dela. Ainda assim, eu não podia negar essa perspectiva de mim mesmo. Contudo, nunca esperei que uma versão pior de mim surgisse.

***

Mas uma pior surgiria. Muito pior.

Dois dias depois, no dia 12 de setembro, o programa Geraldo Rivera dedicou um episódio inteiro ao caso de Jeff. Por meio de detalhes perturbadores, Tracy Edwards recontou sua fuga do apartamento de Jeff, além da captura de meu filho pela polícia. Na versão de Edwards dos fatos, ele não só era um assassino brutal, como uma figura psicologicamente sádica. De acordo com ele, Jeff o havia ameaçado e aterrorizado, dizendo que pretendia comer o seu coração.

Alguns parentes das vítimas apareceram — desolados, como era de se esperar — e prantearam a morte de seus entes queridos. Falaram com dignidade sobre suas perdas, e com ódio bastante justificável sobre como Jeff havia escapado das mãos das instituições governamentais que deveriam tê-lo capturado.

Dois outros convidados, contudo, me chocaram e enterneceram imensamente. Pat Snyder, uma antiga conhecida de Ohio, que mal conhecia nossa família e havia visto Jeff, no máximo, três vezes na vida, em encontros muito breves, acusara Shari de ser "a epítome da madrasta má", a maior e mais dolorosa mentira que um ser humano já contou sobre outro.

Shari, que assistiu ao programa do trabalho, ficou atônita com a aparição de Snyder, ainda mais levando em consideração o fato de que a mulher havia ligado pouco tempo atrás, de Charleston, na Carolina do Sul, implorando para que permitíssemos a escrita de um livro sobre Jeff.

Mas pior do que tudo o que Pat disse foi a acusação de um homem que se recusava a ser identificado e permaneceu por trás de um painel enquanto fazia suas acusações. "Nick" alegava ter mantido um relacionamento homossexual com Jeff. Teria começado no final de junho de 1985 e seguido por cerca de dois meses. De acordo com "Nick", Jeff era um amante ciumento, mas estava longe de ser uma pessoa violenta. Contudo, assim que o relacionamento se tornou mais sério, Jeff teria revelado a ele o segredo mais sombrio de sua vida: o de que o pai havia "abusado sexualmente dele".

Onze dias depois dessa entrevista, "Nick", agora fora do painel, vestido impecavelmente com uma jaqueta branca e uma camiseta azul, mas disfarçado com peruca e bigode falso, repetiu sua horrível acusação a Phil Donahue — apesar de eu ter alertado o apresentador sobre essa performance antes de o programa entrar no ar. "A primeira experiência sexual de Jeff", ele disse, "foi com o próprio pai." Segundo Nick, Jeff teria sido violentado de modo contínuo até os 16 anos de idade.

Meu filho, prontamente, preencheu uma declaração legal negando que eu tivesse molestado ou abusado sexualmente dele em qualquer momento de sua vida. Ele também negou conhecer "Nick".

Porém, a declaração de Jeff não foi de nenhum consolo. Aquela era uma acusação que não podia ser refutada, por isso só nos restava viver com ela e com a dúvida que havia surgido na mente das pessoas mundo afora, mas, principalmente, na mente das pessoas que nos conheciam.

Essa acusação de abuso sexual foi a que mais atingiu os que me conheceram por toda a vida. No trabalho, não conseguia deixar de pensar que aquela gente, com quem trabalhei por tantos anos, estava tomada de dúvidas sobre o meu caráter.

De uma hora para outra, eu já não era um pai devotado e sofredor, mas um pai perverso e aterrorizante, alguém que teria abusado do filho de 8 anos, prática que teria durado anos a fio.

De repente, ao menos para mim, eu não era mais o pai do acusado, mas o acusado, um agente nos crimes de meu filho, talvez, até mesmo, a causa definitiva deles. Eu conseguia sentir aquela mudança, aquela terrível dúvida e suspeita que me circundava em todos os lugares. Olhares que provavelmente eram inocentes agora me pareciam sinistros, questionadores e acusatórios. Fui tomado por uma espécie de paranoia. Eu me perguntava como era possível que as pessoas pensassem algo tão terrível sobre mim, se é que acreditavam nisso. Parte da minha confusão era não ter certeza do que pensavam sobre mim. Senti que tinha perdido minha identidade como pai e agora me haviam dado uma outra. Por mais terrível que aquilo fosse, eu não tinha como provar que tudo era mentira, que "Nick" nada mais era que um impostor. Mesmo que Jeff tivesse negado todas as alegações, a atmosfera que vinha se formando ao meu redor não podia ser mudada.

Foi naquele clima de acusação que aguardei pelo julgamento do meu filho. Com meu próprio lar abalado, sofrendo o risco de invasões vindas do lado de fora e tensões crescendo do lado de dentro, entrei em um mundo suspenso onde nada parecia certo.

Quando garoto, sempre me senti estranhamente desamparado; agora, vivia com a certeza de que ninguém podia me ajudar. Ainda que viesse a dar muito mais de si nos meses que viriam, Shari já havia entregado tudo que se esperava dela. Por ter uma natureza mais sensível que a minha, desde o início ela também havia sofrido mais do que eu, mesmo que Jeff não fosse, de fato, seu filho. Ainda assim, ela sempre havia tratado Jeff como se o fosse, e, isso era muito claro para mim, ela sempre percebera o isolamento e a solidão de sua juventude muito melhor do que eu. Além disso, desde os assassinatos, também sofrera pelas vítimas e suas famílias muito mais do que eu seria capaz.

Mesmo assim, apesar do óbvio sofrimento de Shari, eu me sentia incapaz de confortá-la, tanto emocional quanto intelectualmente. Em um nível muito mais profundo do que poderia imaginar na época, e muito maior do que poderia compreender e admitir, eu agora era um homem estranhamente desassociado, com limitações envolvendo minhas respostas aos sentimentos dos outros, muito confuso com minha própria falta de reação, e, às vezes, até mesmo perplexo por reconhecer, mesmo que de forma vaga, alguns espaços vazios, dormentes ou feridos dentro de mim. Espaços estes que, sob outras circunstâncias, poderiam ter gerados atos que ainda tenho medo de encarar.

CAPÍTULO .10

O julgamento de Jeff começou no dia 30 de janeiro de 1992. Durante as duas semanas de inquérito, Shari e eu nos hospedamos em um hotel no lado oeste da cidade, registrados sob o nome fictício que até hoje utilizamos. Na época, a casa de mamãe já estava vazia, à venda, embora o interesse por ela fosse mínimo, especialmente pelo que havia acontecido no porão.

Todos os dias, o veículo de transporte do hotel nos deixava a alguma distância do tribunal e Shari e eu andávamos o resto do caminho. Dessa forma, éramos capazes de esconder da imprensa o local no qual estávamos hospedados.

O primeiro dia foi uma revelação, chocante e perturbador; um frenesi de repórteres, multidões, luzes intensas e microfones se projetando por todos os lados. Na nossa primeira aparição na rua, um exame de repórteres se jogou sobre nós, berrando perguntas: "Vocês se encontraram com Jeff? O que ele diz? Como ele se sente sobre estar perto das famílias das vítimas?". Claro que essas não eram somente perguntas, mas oportunidades de resposta. O que eles queriam era o som de nossas vozes combinado à imagem de nossos rostos, só um pouco de áudio para aparecer na filmagem.

Assediados pela multidão e atordoados pelas luzes das câmeras, lutamos para chegar até a escadaria, alguns oficiais de polícia nos escoltando, às pressas, para dentro do prédio.

Dentro do tribunal, tornou-se bastante óbvio que autoridades municipais e estaduais tinham sido convocadas em grande número a fim de estabelecer a segurança. Detectores de metal haviam sido instalados na entrada da sala de audiências, e, dentro dela, foram posicionados cães farejadores de bombas. Uma barreira de dois metros e meio, feita de vidro à prova de balas, foi construída para proteger Jeff. Ela dividia a sala de audiências — a cadeira do juiz, as mesas da acusação e da defesa —, onde o julgamento aconteceria, dos assentos dos espectadores. Além dessa medida de segurança, oficiais de polícia haviam sido posicionados por todo o ambiente. Em silêncio, eles varriam os olhos pela sala, às vezes apoiando as mãos nos coldres das pistolas.

No geral, tanto o prédio quanto a sala de audiências pareciam um campo armado. Ainda me parecia inconcebível, estranho e irreal, que todas essas preparações, tão vastas e caras, tenham sido causadas por algo que meu filho fez. Ainda achava impossível conciliar sua passividade e inexpressividade, sua fala monótona e sua falta de personalidade, com o alvoroço que me rodeava.

Uma vez na sala, nos acomodamos nos assentos reservados, os dois últimos da fileira da direita, encarando a cadeira do juiz. Naquela altura, haviam nos aconselhado a não comparecer ao julgamento, pelo perigo que isso representava às nossas vidas. Contudo, Shari e eu não mudamos de ideia, já que sentíamos ser muito importante mostrar para Jeff que não o havíamos abandonado.

À nossa esquerda, podíamos ver as famílias das vítimas enchendo os mais de quarenta assentos reservados a elas.

Naquele primeiro dia, não vimos nada exceto horror, ódio e nojo nos rostos dos pais, mães, irmãs e irmãos dos homens que meu filho havia matado. Uma mulher negra que se sentara perto de nós, inclusive, foi praticamente arrancada dali. Ninguém queria se aproximar da gente.

Flanqueado por dois delegados, Jeff chegou à sala de audiências vestindo uma jaqueta marrom amarrotada e pequena demais, o que dava a ele uma aparência puída e desleixada. Seu cabelo estava bagunçado e parecia não ter se barbeado direito. Meu filho parecia deprimido e passava uma sensação de embaraço, de alguém que se sentia indefeso e profundamente exposto. Apesar do conteúdo gráfico de suas confissões, das longas horas passadas com diversos psiquiatras, daquela luz tortuosa e condenatória que havia sido apontada para os cantos mais tenebrosos de sua vida, ele ainda se mostrava envergonhado na presença do pai.

Uma vez que Jeff já se declarara culpado das várias acusações de assassinato feitas contra ele, o propósito do julgamento era determinar se estava são ou não no momento dos crimes. Nunca foi uma questão de culpa nem de tentar soltá-lo; mas de decidir se ele cumpriria pena em uma prisão ou em uma instituição psiquiátrica.

Na época do julgamento, eu só sabia o que tinha sido publicado pela imprensa. Boyle não havia me passado muitos detalhes. Na verdade, ele não me contara muitas coisas. Foi o julgamento que as divulgou, e, dia após dia, conforme o processo seguia, tive de absorver atos ainda mais perversos e abomináveis que os assassinatos em si.

"É meu dever chamar a atenção de vocês para cada aspecto da vida do sr. Dahmer, cada aspecto do comportamento do sr. Dahmer", foi a declaração inicial de Boyle para o júri.

Cada detalhe da vida e dos crimes de meu filho seria, de fato, apresentado durante as duas semanas seguintes. Nada seria deixado de fora, nenhum extenuante detalhe. Dia após dia, tanto a acusação quanto a defesa levariam todos aqueles que os ouvissem para um mundo de pesadelos, um mundo de terríveis fantasias adolescentes, um mundo que levaria, inevitavelmente, aos atos indizíveis que meu filho havia cometido — assassinato, evisceração, e, perto do fim, até mesmo canibalismo.

O horror absoluto dos crimes de Jeff, a sujeira nauseante em que vivia no Apartamento 213, eram inacreditáveis para mim, grotescos e horripilantes de maneira inimaginável. Durante o julgamento, um detalhe excruciante se seguia após o outro, enquanto Shari e eu, congelados nos nossos lugares, às vezes nos sentíamos incapazes de acreditar naquilo que ouvíamos, embora não pudéssemos negar que tudo fosse verdade.

Ao longo de todo o julgamento, enquanto estava sentado em meu lugar, olhando diretamente para a frente, tinha a impressão de que os atos descritos eram sobre alguém que eu jamais poderia ter conhecido, quanto mais ter trazido para este mundo.

Eu não conseguia me conectar às informações inenarráveis que eram descritas enquanto as câmeras zumbiam e os repórteres, dezenas deles, tomavam notas, preparando-se para jogar todas aquelas coisas horríveis para o mundo. Para mim, os atos que os advogados de acusação e de defesa descreveram durante o julgamento continuaram tão distantes e irreais quanto um filme de terror. Meu filho tinha vivido em um mundo hediondo; sendo assim, eu não conseguia fazer uma relação entre o mundo dele e o meu. Era quase como se eu estivesse sendo forçado a assistir a um filme de horror que eu não queria ver, com o qual não aprenderia nada, e do qual eu só queria fugir.

Por causa dessa supressão, saí do julgamento sem descobrir nada além do que já sabia sobre meu filho ou sobre mim. Participei do processo como um mero espectador ingênuo, minha mente fixa nos aspectos técnicos do caso da defesa, focada no esforço de provar a insanidade de meu filho. Assim, ao longo das duas semanas de inquérito, fui capaz de classificar cada horror individual em duas organizadas categorias que se dividiam em: evidência física ou psicológica. Dessa forma, garanti que cada item estivesse exclusivamente conectado a Jeff, que fosse parte de sua defesa técnica, mero material apresentado em julgamento, de forma alguma um fator humano, e, definitivamente, nada que pudesse fazer parte de uma história maior que também era minha.

Todavia, só muito depois passei a repensar não só meu relacionamento com Jeff, mas também os impulsos que o subjugaram e os atos criminosos que havia cometido. Só então pude perceber que certos locais na mente de meu filho — como o sentimento de falta de controle envolvendo diversos aspectos da vida — estavam guardados dentro de mim mesmo há anos. É claro que Jeff havia ampliado suas tendências e perversões sexuais em escala exponencial, chegando ao extremo, a algo muito além do meu entendimento e, até mesmo, da minha capacidade de compreensão. Mesmo assim, ainda podia ver as origens daquilo dentro de mim mesmo, e, aos poucos, ao longo do tempo, comecei a enxergar meu filho de forma muito mais profunda do que jamais havia enxergado.

Ao ser confrontado pelas fantasias de infância de Jeff, por exemplo, percebi que eram muito parecidas com as minhas. Na adolescência, Jeff havia sido perturbado por pensamentos e desejos estranhos, impulsos anormais e, até certo nível, abertamente violentos, como, por exemplo: ter sonhos recorrentes com assassinato.

Embora eu nunca tivesse sonhado com assassinato, era comum, sobretudo nos dias em que havia sofrido bullying, que acordasse de madrugada com a sensação de que algo terrível havia acontecido.

Dos 8 anos de idade até, mais ou menos, os vinte e poucos anos, eu era acometido, vez ou outra, pela horrível impressão de me lembrar de algo que não havia vivido diretamente. Depois, ao descrever esses sonhos inquietantes para o dr. Robert Kirkhart (um renomado psicólogo clínico), ele comentou que ficaria muito decepcionado comigo se eu não tivesse tido qualquer reação a todo o bullying que tinha sofrido na infância. Nas garras daquela memória irreal, eu acordava de súbito, com um assustador mau pressentimento. Uma vez desperto, sentia-me incapaz de relembrar dos detalhes, mas continuava convencido de que algo terrível havia acontecido. Mesmo que eu não tivesse a visão de um crime e nenhum detalhe físico — corpos mutilados, armas ou quartos salpicados de sangue —, eu não conseguia me livrar do sentimento de medo e horror. A sensação não durava mais de um ou dois minutos, mas, durante aquele temível intervalo, em que me encontrava suspenso entre a fantasia e a realidade, eu experimentava o mais puro pavor. Eu me sentia perdido, como se tudo tivesse saído do meu controle. Era invadido por ondas de calor tão devastadoras que, mesmo na vida adulta, ainda me lembrava do terror que me consumia naqueles momentos.

Sempre que reexamino a descrição do assassinato de Steven Tuomi no julgamento de Jeff, é esse pesadelo de infância, junto àquele sentimento de impotência e horror, que de súbito retornam a mim com clareza e força surpreendentes.

Steven Tuomi morava em uma cidadezinha de Michigan. Ele tinha 25 anos de idade. No dia 27 de novembro de 1987, Tuomi saiu do seu emprego como cozinheiro no restaurante George Webb. Trabalhava lá desde setembro, sempre no turno da noite, cujo expediente terminava às 6h. Do outro lado da rua, o 219 Club tinha acabado de fechar, e o rapaz foi até lá para interagir com os homens reunidos do lado de fora do prédio. Foi lá, na frente da boate, que ele conheceu meu filho.

Alguns minutos após o encontro, Jeff e Tuomi foram juntos para o Ambassador Hotel. Chegando lá, continuaram bebendo até desmaiarem. Era só disso que Jeff se lembrava, além de ter acordado na manhã seguinte, deitado em cima do corpo nu de Tuomi.

De acordo com Jeff, ele se afastou do corpo e, com horror, olhou para ele. Um rastro de sangue escorria da boca de Tuomi, seu peito estava afundado para dentro e todo o torso do rapaz estava azul e preto.

Estava claro que Jeff o havia espancado até a morte.

Mas meu filho não tinha lembrança de ter feito isso. Nenhuma. Ele tinha acordado, como acordei diversas vezes na minha juventude, com a forte, porém vaga, sensação de que algo pavoroso havia acontecido. A única diferença era que Jeff, de fato, havia feito uma coisa terrível. Enquanto eu havia acordado em uma crise de pânico que terminaria com o estado de vigília, Jeff havia despertado dentro de um pesadelo que nunca acabaria.

Tempos depois, após sua prisão, mesmo tendo admitido não só todos os outros assassinatos, mas a lista completa e tenebrosa de todas as outras coisas que havia feito, Jeff continuou insistindo que não se lembrava de nada envolvendo o assassinato de Steven Tuomi. Ele afirmava que havia se levantado de cima do corpo do rapaz e se sentido sobrepujado de choque e horror. Talvez eu fosse a única pessoa no mundo que entendesse, como se soubesse exatamente do que ele estava falando, porque aquilo também havia acontecido comigo. A única diferença, ao que parecia, era que, enquanto eu havia acordado fora de um pesadelo, meu filho havia acordado dentro de um.

A descrição dos eventos envolvendo a morte de Steven Hicks evocaram outras associações diferentes, mas não menos perturbadoras.

Jeff deu carona para Hicks no dia 18 de junho de 1978. Ele estava dirigindo o carro da mãe quando viu Hicks pedindo carona na beira da estrada. O rapaz havia tirado a camiseta, então estava nu da cintura para cima, o que causou uma atração inicial. Então, Jeff encostou o carro, ofereceu carona a Hicks e o levou para a nossa casa em Bath Road.

Já em casa, Jeff ofereceu cerveja e maconha ao rapaz. Hicks aceitou ambas. Ele também falou da namorada, algo que, sem dúvida, deveria ter desencorajado meu filho sobre um possível envolvimento homossexual. Algum tempo depois, Hicks tentou ir embora, e foi então que Jeff usou o haltere de ferro que estava no armário para golpeá-lo até a morte.

Posteriormente, sempre que relembrava a dramatização feita na Corte a respeito do primeiro assassinato de meu filho, tornava-se cada vez mais óbvio que foi a morte de Hicks a desencadeadora de seu ímpeto assassino.

A angústia de ser abandonado pelas pessoas foi a origem de mais de um dos assassinatos de Jeff. No geral, meu filho queria apenas "manter" as pessoas eternamente ao seu lado, para que estivessem sempre ao alcance da mão. Ele queria que se tornassem parte dele, no sentido literal da coisa, uma parte permanente, inseparável. Uma obsessão que começou com fantasias envolvendo corpos em estado de imobilidade e evoluiu para o ato de drogar homens em saunas, depois assassiná-los, e, por fim, chegou a canibalismo, através do qual Jeff esperava que suas vítimas jamais pudessem deixá-lo, uma vez que, agora, seriam parte dele para sempre.

Olhando para minha própria vida, percebi que eu havia sofrido com o mesmo medo de ser abandonado, um pavor tão profundo que trouxe consigo uma quantidade absurda de comportamentos inexplicáveis.

Começou quando eu era apenas um garotinho e minha mãe precisou ser internada no hospital para fazer uma cirurgia. Naquela época, titia e titio vieram cuidar de mim, mas a presença deles não aliviou aquela sensação de profundo isolamento e abandono. Mamãe contaria depois que meu humor se tornaria sombrio e que eu permaneceria naquela escuridão durante toda a sua ausência. Ao longo de todo aquele período, conforme minha tia e meu tio relatariam mais tarde, sofri crises de choros incessantes e inconsoláveis, tomado por algo que poderia ser descrito como uma depressão infantil que durou diversas semanas.

Logo após esse episódio, e depois de mamãe voltar para casa, desenvolvi um severo caso de gagueira. Lembro-me de bater os pés contra o piso da cozinha no esforço de fazer com que as palavras saíssem. Papai me levou para frequentar aulas especiais a fim de superar essa aflição tão embaraçosa. As crianças zombavam de mim na escola, mas, por fim, a dedicação de meu amado pai e as aulas especiais conseguiram acabar com a minha gagueira.

Às vezes, imagino como minha vida seria diferente se aquele medo mórbido tivesse se tornado uma patologia. Como teria sido? Em que níveis perversos poderia ter chegado? E se eu tivesse desenvolvido uma necessidade psicótica de desejar que as coisas estivessem sempre no mesmo lugar, sem vontade própria, totalmente imóveis? Será que eu também teria tentado reduzir seres humanos a "coisas" que eu poderia "guardar"?

Embora eu nunca tenha chegado a esse extremo, é claro, sinto que, de certa forma, cheguei a outros. Eu me agarrei com unhas e dentes a um primeiro casamento que estava profundamente destruído. Eu me apeguei a rotinas e padrões de pensamento. Para guiar meu comportamento, foquei-me em papéis muito bem definidos. De repente, ocorreu-me que eu havia persistido em todas essas coisas porque elas me davam um profundo senso de permanência, de algo que eu podia "manter". Talvez eu me apegasse aos meus papéis de pai e filho pelo mesmo motivo, porque ancoravam minha mãe e meu filho em mim, tornando impossível que partissem. Em certo sentido, eu havia dedicado toda minha vida a encontrar estratégias para que pudesse manter as coisas eternamente dentro do meu alcance.

Mais objetivo ainda era o senso de controle que minha própria necessidade de permanência e estabilidade gerou em mim, além da angústia que acompanhava tudo aquilo que eu era incapaz de controlar. Sempre que relembro os crimes de meu filho, os temas de permanência e controle se entrelaçam como dois fios escuros, linhas interseccionais formando uma rede de segurança que mantinha tudo preso no mesmo lugar.

Nos meses posteriores ao julgamento, enquanto eu tentava mergulhar na mente de Jeff, passei a olhar para o atestado psiquiátrico de outro jeito; de uma maneira bastante diferente da forma como o ouvi enquanto o julgamento estava acontecendo. Na época, apenas dispensei a informação, enxergando-a como mera evidência técnica, observações que não tinham qualquer envolvimento com a minha própria vida. Dessa forma, eu poderia me distanciar do que aquela prova psiquiátrica poderia significar — tanto para Jeff quanto para mim.

Contudo, assim que comecei a explorar minhas próprias conexões com Jeff, as implicações perturbadoras do seu lado psiquiátrico surgiram pela primeira vez. Logo se tornou óbvio que o tema do controle estava presente em praticamente todos os aspectos da natureza de Jeff. Um ponto que havia sido abordado com frequência no julgamento, tanto pela acusação quanto pela defesa, e, mesmo assim, na época em que o ouvi, simplesmente deixei passar. Eu encaixei aquela informação dentro do que entendia como a insanidade de Jeff e deixei aquilo ali, descartando-a como apenas mais uma engrenagem no louco maquinário que compunha sua doença mental.

Mas o controle, como vim a perceber, era muito mais que só uma engrenagem. Era parte vital da máquina que o movia, por isso estava visível em quase todos os seus atos.

Até mesmo as primeiras fantasias de Jeff envolviam controle: acima de tudo, ele se via "deitando" com alguém perfeitamente imóvel. Ele não desejava ser forçado pelas pessoas que povoavam suas fantasias. Ele não queria que impusessem suas necessidades sexuais sobre ele. Em vez disso, queria controlá-las por inteiro, mesmo que fosse preciso usar violência para obter esse tipo de controle.

Na primeira vez que Jeff decidiu ter relações com outra pessoa, por exemplo, levou um taco de beisebol com ele. Havia se sentido atraído por um atleta. Por isso, ficou à espreita, esperando que passasse por ele para acertá-lo com o taco, deixá-lo inconsciente primeiro, para só então "se deitar" com ele.

Mesmo depois, quando começou a frequentar as saunas, Jeff drogava todos os homens que conhecia ali, deitando-se ao lado deles e escutando o ruído de seus órgãos, do coração e do estômago, reduzindo suas identidades a meras funções e partes corporais, aos sons que emanavam de seus corpos enquanto eram impossibilitados de falar. Conforme essa obsessão por controle se agravava, passava a funcionar como um elemento necessário de sua satisfação sexual. Tanto que, na maior parte dos casos, ele não era capaz de chegar ao orgasmo a menos que seu parceiro estivesse inconsciente.

Porém, os homens que haviam sido drogados acordariam uma hora ou outra, e, ao fazerem isso, começariam outra vez a exercer suas próprias vontades. A essa altura, Jeff havia desenvolvido uma necessidade tão psicótica de controle que a mera presença de vida estava se tornando algo ameaçador. Por isso, decidiu se concentrar nos mortos. Um dia, ele procurou na sessão de obituários, encontrou a nota de falecimento de um rapaz de 18 anos de idade e planejou desenterrar o cadáver e levá-lo para casa a fim de desfrutar daquele nível de controle que só poderia ser conseguido com uma pessoa morta.

Nessa época, essas fantasias envolvendo controle absoluto eram as únicas coisas que meu filho tinha. Hoje sei que a necessidade de controle e permanência, além da introversão, era uma das características que tínhamos em comum. Tragicamente, meu filho levou esses traços a extremos descomunais, perversos e horrendos. Ele chegou a elaborar um tosco experimento científico de lobotomia com os homens que havia drogado, pois, se não passassem por esse procedimento, logo voltariam à consciência, um estado que Jeff achava inaceitável para outro ser humano. Então, enquanto ainda estavam vivos, meu filho perfurava seus crânios e injetava ácido muriático no cérebro das vítimas. O experimento costumava matá-las instantaneamente, embora uma delas tenha conseguido sobreviver por dois dias.

A tentativa de Jeff de criar seus próprios "zumbis" nunca funcionou; entretanto, ele tinha outros planos. Ele ainda mantinha consigo os cadáveres de suas vítimas, corpos que esfolava e eviscerava, preservando alguns pedaços e devorando outros, mas sempre com a intenção de vivenciar essa necessidade de controle total.

Por mais estranho que pareça agora, enquanto ouvia todos esses detalhes no julgamento — a terrível evidência dos crimes de meu filho e de sua insanidade —, eu era incapaz de enxergar qualquer coisa além da perversidade e do grotesco presentes naqueles atos.

Recordo-me de uma lembrança específica. Diz respeito a uma garotinha chamada Junie. Ela vivia do outro lado da rua na época em que eu era um garoto, entre meus 12 e 13 anos. Uma tarde, levei Junie para o meu quarto, acendi uma vela, sentei-me na frente dela e comecei a murmurar coisas como "você está se sentindo muito sonolenta", frases que tinha aprendido de um livro e uma fita encomendados pelo correio algumas semanas antes. Ambas envolviam hipnotismo e eu havia comprado esse material justamente porque, no meu entendimento de criança, enxergava essa ilusão de poder como uma ferramenta para controlar pessoas que eu jamais conseguiria controlar de outra maneira. Isso permitiria que eu as transformasse em zumbis hipnotizados; assim, poderia fazer o que quisesse delas.

Junie foi meu primeiro experimento, e, quando a levei para meu quarto naquele dia, pretendia enfeitiçá-la para que ficasse sob meu controle. Com esse objetivo em mente, disse a Junie que encarasse a vela e ela o fez. Pedi que fechasse os olhos no momento certo e ela também obedeceu. Orientei que respirasse profundamente, e Junie acatou. Então, ordenei que levantasse os braços sobre a cabeça. No mesmo instante, ela obedeceu. Lembro de me sentir eufórico ao observá-la, de me sentir poderoso, no pleno comando de outro ser humano. Junie fazia absolutamente tudo que eu pedia. Ela estava hipnotizada; contudo, em determinado momento, acabou caindo da cadeira e despertou do transe.

Mais tarde, eu contaria essa história com frequência, mas sempre adotando um tom leve e divertido, como se fosse apenas uma brincadeira de criança. No entanto, por mais que eu tentasse tornar a história a mais inocente possível, hoje me parece óbvio que aquele ato em si nada mais era do que uma ânsia por controle.

Por isso, agora, sempre que relembro esse incidente, não consigo mais enxergá-lo como uma brincadeira de criança; como se fosse só um garotinho inocente, interessado em mágica. Em vez disso, o que me retorna é a sensação de poder que me invadiu quando Junie entrou em transe. Não me esqueço do quanto gostei de controlá-la, do quanto desfrutei, mesmo que brevemente, da sensação de dar comandos e tê-los obedecidos de imediato. Tudo isso é, para mim, um evento na minha história psicológica que sugere o quanto, mesmo quando garoto, eu tinha o desejo de controlar os outros; quão impotente sempre me senti na presença de pessoas que não podia controlar.

Sempre que revisito minha infância, vejo esse tema recorrente como uma reação ao meu próprio complexo de inferioridade, àquela assustadora sensação de incapacidade, de não conseguir fazer nada certo, de não poder controlar coisa alguma, de nunca tomar as rédeas das situações. Por toda a minha infância, fui atormentado pela certeza de que era fisicamente fraco e intelectualmente inferior.

Quando eu era menino, pertenci ao estereótipo perfeito do magricela e fraco, sempre o último a ser escolhido nas aulas de educação física. Eu era o moleque assustadiço que sofria bullying, aquele que usava óculos e era chamado de "quatro olhos". No ensino médio, eu era o rapaz que as garotas só notavam como objeto de curiosidade, aquele que teve seu primeiro encontro apenas aos 18 anos, depois de descobrir que as garotas queriam apenas um "corpão", e que, por isso, metodicamente, empenhado na tarefa de criar um para si próprio, exercitava-se três vezes por dia até substituir o "menino magricela" por outra pessoa.

Porém, se no fim disso tudo eu me sentia fisicamente menos pior, minha sensação de ser intelectualmente inferior continuou muito bem enraizada.

Meus pais eram professores de escola e seguiam aquele mesmo sistema de valores. Para eles, um bom desempenho acadêmico era, em certo nível, a medida da sua competência no geral.

Mas eu era um aluno medíocre, lento para aprender, em especial em matemática. Da primeira série em diante, meus pais tentaram me ajudar para que eu me tornasse um aluno melhor por meio de reforços e simulados. Papai passava horas e horas me ensinando. Mamãe também gastava essa mesma quantidade de tempo criando cartinhas de adição e subtração, multiplicação e divisão e testes de múltipla escolha. A ideia que acabei desenvolvendo a partir daí era que precisava "estudar tudo em dobro" porque, se não fosse assim, eu fracassaria. Outras crianças eram capazes de aprender rápido, mas eu parecia não ter essa mesma sorte.

Embora nunca fosse a intenção de mamãe, já que estava apenas tentando me ajudar, um complexo de inferioridade e incompetência me dominou logo nesses primeiros anos. Foi potencializado pela habilidade extraordinária com que mamãe conseguia se colocar, ser tão assertiva, estar sempre no controle das coisas. Em uma ocasião, por exemplo, ela repreendeu o meu treinador de beisebol da Pequena Liga em frente de todo o time porque ele não tinha me escolhido para arremessar. Ela possuía uma personalidade muito controladora e dominante que também se impunha, caso preciso, quando eu estava nos lobinhos escoteiros ou qualquer outra atividade. Comparado a tamanha força, era natural que eu me visse como alguém fraco e inapto. O resultado, é claro, foi que comecei a desenvolver um sentimento de completa impotência e dependência.

Uma coisa ainda mais reveladora era a forma como mamãe tinha a tendência de terminar as coisas para mim antes que eu tivesse a chance de fazê-lo. Sempre que eu começava alguma tarefa, trabalhando nela lentamente, mamãe aparecia, e, com umas breves pinceladas, literais ou intelectuais, terminava aquilo para mim. Ainda que fizesse aquilo com amor, com a intenção de ajudar, tais gestos reforçaram com certa intensidade aquela sensação de que eu era lerdo e incapaz, o que acarretou uma insegurança quanto à minha capacidade de fazer coisas, de prosseguir com meus deveres, de completar até mesmo a mais simples das tarefas. O resultado prático disso foi absolutamente corrosivo; transformou-me em alguém emocionalmente abalado e impotente.

Em retrospecto, percebo que esse sentimento de incapacidade possa ter levado ao meu interesse juvenil na fabricação de bombas caseiras. Meu arroubo inicial em explosivos de percussão foi fomentado pelo meu líder dos escoteiros, que havia mostrado como fazer explosivos simples com ingredientes mais simples ainda.

Enquanto estava no ensino médio, encomendei pelo correio algumas substâncias químicas que eram perigosas demais para estarem num kit de química comprado em lojas de departamento. Quando chegaram, misturei-as a uma mistura explosiva que podia ser detonada por meio de percussão, ou seja, explodiria ao ser atirada ou derrubada no chão. Assim, despejei pó explosivo dentro do tubo de uma caixa de papel. Preenchi o restante da mistura com um pouco de chumbinho, o que a transformou em uma espécie de granada de atordoamento. Em uma ocasião, um garoto que andava de bicicleta se assustou tanto com o som da explosão que acabou caindo. Em outro momento, dei uma de presente a meu amigo Tom Jungck, que a atirou do terceiro lance de escadas do colégio, detonando uma explosão tão ensurdecedora que um grupo de professores e o próprio diretor se reuniram no corredor, segurando todos os alunos, só por via das dúvidas. Eles nunca descobriram quem havia feito ou detonado aquela bomba, mas a garotada da minha escola sabia quem era o fabricante de bombas, e assim conquistei um alto senso de dominância e respeito por ser capaz de criar um dispositivo tão poderoso.

É claro que pregar peças nos outros não é nada incomum no período da adolescência, mas hoje reconheço que meu interesse em fabricar explosivos vinha de uma necessidade de autoafirmação, de me sentir menos ameaçado. Atormentado por meu complexo de inferioridade, tanto física quanto intelectual, ser capaz de fabricar uma bomba era algo que me concedia um enorme senso de controle. Embora eu não falasse muito sobre isso, as bombas me davam uma sensação de poder. Era a forma que havia encontrado de me proteger e, ao mesmo tempo, mostrar ao mundo que eu não estava para brincadeiras, que eu não era o nanico fraco, sem graça e magricela que imaginavam. Para uma parte de mim, a habilidade de fabricar bombas me transformava em uma pessoa formidável, e, ao fazê-lo, me tornava "visível" aos olhos do mundo. Com a bomba, eu não era mais um rapaz insignificante e anônimo.

Com o passar dos anos, obviamente, deixei as bombas para lá. Encontrei outras maneiras de me autoafirmar e ganhei senso de controle. Desenvolvi estratégias menos perigosas, mas, às vezes, mesmo essas ainda pareciam motivadas por uma espécie de desespero, impulsionadas por sentimentos de inferioridade e por uma necessidade frenética de controlar cada aspecto da minha vida. Na minha juventude, tornei-me um halterofilista para sentir que ganhava poder fisicamente. Na faculdade, persegui com força implacável uma formação atrás da outra até que, por fim, atingi o máximo de poder intelectual — um doutorado. Nesses termos, lutei com a intenção de deixar a infância para trás, abandonando no caminho as bombas caseiras e a hipnose, como brinquedos esquecidos.

Sempre sob a tenebrosa e aparentemente inescapável sombra da vida de meu filho, reflito bastante a respeito da minha própria infância. Em teoria, sei que todos enxergamos o passado com as lentes do presente, mas, mesmo sabendo disso, ainda é difícil ver minha própria infância sob a ótica da inocência. Minhas memórias de infância parecem estar sempre trancadas em uma cela desolada e obscurecidas por perguntas e horror. O quanto eu estava perto de trilhar o mesmo caminho que Jeff? Será que foi a diferença de escolhas que fiz ou deixei de fazer, ou será que foi apenas boa ou má sorte genética? Nunca saberei, mas não consigo deixar de me perguntar se meu interesse por hipnose ou pela fabricação de dispositivos explosivos não era algo além da fascinação de um garoto pelo desconhecido. Quando passei fios desencapados pelo sofá da nossa sala de estar para causar um choque elétrico nos meus primos, será que fiz isso apenas para pregar uma pegadinha? E quanto à minha necessidade de controle? Será que todas essas coisas, e muitas outras, nada eram além de pensamentos e comportamentos normais de uma criança ou havia ali sinais precoces de algo perigoso dentro de mim, algo que poderia ter se ligado à minha sexualidade, e, ao agir assim, teria me transformado no homem que meu filho se tornou?

CAPÍTULO .11

O julgamento de Jeff teve fim em uma sexta-feira, 14 de fevereiro de 1992. Em seu depoimento final, Boyle tentou mais uma vez convencer os jurados de que Jeff havia feito coisas terríveis, sim, mas em um estado de loucura. Mesmo que soubesse a gravidade do que estava fazendo, argumentou o promotor, Jeff tinha sido incapaz de se controlar. O advogado de acusação, é claro, disse o contrário, indeferindo a alegação de insanidade da defesa como nada além de um meio para que meu filho fugisse da responsabilidade de seus crimes.

No sábado, 15 de fevereiro, pouco após as 16h, Shari e eu voltamos à Corte para ouvir a decisão do júri. Após a leitura de todas as acusações, concluiu-se que o veredicto seria mantido. Jeff não sofria de qualquer doença mental e deveria ser responsabilizado por seus crimes.

Ouvimos uma salva de palmas vinda das famílias das vítimas e de outras pessoas presentes no tribunal. Shari e eu continuamos em silêncio, inexpressivos.

Apesar de um início tenso, nossa relação com as famílias das vítimas havia melhorado durante as duas semanas anteriores. Em uma ocasião, durante um intervalo do inquérito, a sra. Hughes, mãe de Tony Hughes, se aproximou de nós, assegurando-nos que não nos desejava qualquer mal e que não nos culpava pelas coisas que Jeff havia feito. Shari e eu abraçamos a mãe de Tony e expressamos toda nossa solidariedade pelo que acontecera ao filho dela. Além da sra. Hughes, o reverendo Gene Champion também nos abordou, tentando criar uma ponte entre nós e as famílias das vítimas.

Contudo, agora que o julgamento havia terminado, a tensão tinha voltado a crescer, e ela aumentaria até chegarmos ao dia em que Jeff receberia sua sentença.

Esse dia foi uma segunda-feira, 17 de fevereiro de 1992. Jeff chegou à Corte trajando o uniforme laranja de prisioneiro. Ele se sentou diante do juiz e aguardou pela Declaração de Impacto Familiar, procedimento que dá às vítimas o direito de falar diretamente com o juiz antes que ele profira a sentença.

Durante os minutos seguintes, enquanto Shari e eu observávamos, diversos membros da família das vítimas falaram a respeito de tudo que meu filho havia causado a eles. A sra. Hughes, mãe de Tony Hughes, foi muito digna. Ela falou do filho, que era deficiente auditivo, e, ao encerrar, disse *eu te amo* em língua de sinais. Outras pessoas foram igualmente decentes. Elas falaram sobre suas perdas, sobre o quanto amavam e sentiam falta dos filhos ou irmãos que meu filho havia roubado deles. Foram muito emotivos, e tinham todo o direito de ser, mas conseguiram manter o controle. A única pessoa que perdeu o controle foi Rita Isabel, irmã de Errol Lindsey. Berrando obscenidades, ela chegou a descer do púlpito e correr na direção de Jeff. Os oficiais da Corte a contiveram, e, depois disso, o juiz se recusou a permitir mais declarações.

Jeff, por sua vez, reagiu a isso dizendo, muito baixinho: "Eu sinto muito mesmo".

Após a decisão, meu filho foi imediatamente levado de volta à biblioteca adjacente à câmara do juiz. Só pudemos vê-lo por breves minutos. Ele estava muito abalado, tremendo, à beira das lágrimas. Jeff estava muito chocado de ter sido sentenciado a passar a vida na cadeia em vez de em uma instituição psiquiátrica.

Tivemos apenas dez minutos para nos despedirmos. Pela primeira vez, ele parecia apavorado de ser mandado para a prisão. Nós o abraçamos, dissemos que o amávamos, e fiz uma prece para todos nós. Então, esperamos na sala ao lado enquanto a Corte era esvaziada para que nos sentíssemos seguros em deixar o prédio. Enquanto estávamos ali, um delegado me entregou um saco plástico transparente contendo as roupas de Jeff.

Saímos para um labirinto de corredores e escadas até que, por fim, fomos escoltados através de uma cozinha e, de lá, para o carro do xerife que, descaracterizado, nos afastou do frenesi da imprensa. A velocidade com que tudo se encerrara me parecia ofuscante, talvez até um pouco anticlimática. Num instante, tudo havia terminado. Com um breve adeus, o meu filho se foi.

***

No fim do julgamento, condenação e sentença de Jeff, acredito que Shari e eu tínhamos esperanças de que nossas vidas voltassem a algo que, pelo menos, se assemelhasse à normalidade. Demos o que esperávamos que fosse a nossa última entrevista sobre o caso ao participarmos novamente do *Inside Edition*. Durante a entrevista, Shari chorou pensando no sofrimento das famílias das vítimas. Também expressei minha dor; porém, segui adiante e sugeri que a insanidade de meu filho poderia ter sido causada pelos medicamentos prescritos que Joyce havia tomado durante a gestação. (Embora seja verdade, é claro, que os medicamentos podem não ter somado de forma alguma à equação, também é possível que ninguém tivesse pensado na possibilidade de causarem mudanças genéticas durante a concepção ou nos primeiros trimestres de gravidez.) Claramente, naquela época, qualquer consideração mais profunda sobre meu relacionamento com Jeff, tanto no quesito emocional quanto no biológico, ainda estava muito além do meu alcance.

Nesse meio-tempo, Jeff havia sido mandado para a Columbia Correctional Institution,[1] a onze horas de carro de nossa casa perto de Akron. Pouco a pouco, com o passar das semanas, menos artigos eram publicados em jornais, menos menções saíam nas notícias. Shari e eu pudemos voltar ao trabalho. Mas, de vez em quando, ainda recebíamos chamadas telefônicas bizarras e cartas gentis e simpáticas.

---

[1] A Instituição Correcional de Columbia é uma instituição correcional de segurança máxima para homens adultos situada em Portage, Condado de Columbia, Wisconsin. [NE]

Apesar da distância, como pai, era meu dever e meu desejo manter contato com Jeff e ajudá-lo da melhor forma possível. Também me sentia no dever de mudar seu conselheiro legal. Por consequência, Robert e Joyce Mozenter foram contratados para representar Jeff numa próxima audiência em Akron, na qual ele pretendia se declarar culpado pelo assassinato de Steven Hicks, crime que havia acontecido em Ohio e, por isso, não podia ser julgado em Wisconsin.

Parecia não haver muito mais a fazer por Jeff. Ele agora estava nas mãos de outras pessoas. Eram elas que decidiriam o que ele vestiria, o que comeria, onde dormiria, que medicação, se é que seria medicado, iria tomar. Minhas obrigações paternais tinham sido reduzidas à prestação de pequenos serviços, nenhum deles fundamental. Meu papel de pai tinha quase desaparecido.

Por outro lado, meu papel de filho estava cada dia mais cansativo. Logo após o julgamento de Jeff, tornou-se óbvio que mamãe não podia continuar vivendo em seu apartamento, mesmo com todos os cuidados paliativos que haviam sido providenciados. Sempre que a visitava, notava que estava mais debilitada. À noite, mamãe quase nunca estava lúcida, por isso era cada vez mais difícil mantê-la deitada ou sustentar qualquer tipo de diálogo. O mais desafiador de tudo era sua completa negativa em aceitar o apartamento como um novo lar. Aquele lugar era estranho para ela e mamãe não conseguia se adaptar. Mesmo assim, não havia dúvidas de que jamais poderia voltar à casa em West Allis.

Dessa forma, precisamos encontrar um novo lar para mamãe. Encontramos uma casa algumas semanas depois, e, no dia 29 de março, Shari e eu fomos encaixotar seus pertences no apartamento em que vivia desde a prisão de Jeff. "Foi uma mudança triste", escrevi a ele, adotando, em seguida, meu tom habitual de conselho paterno. Pedi que tomasse seus remédios na hora certa, que usasse a mente "para alcançar alguma satisfação" e "ficar mentalmente sadio" e que recebesse a "intervenção e controle de Deus".

"Eu te amo imensamente!", escrevi no fim da carta, esperando que todo o peso das minhas emoções fosse demonstrado por um único ponto de exclamação.

Ao longo das semanas seguintes, escrevi para Jeff com muita frequência. Em uma carta escrita no dia 3 de abril, ofereci conselhos ainda mais práticos. Disse a Jeff que esperava que se sentisse "cada vez melhor no que diz respeito à resignação de sua situação". Ao mesmo tempo, acrescentei que deveria se "decidir a realizar algumas metas de sua escolha". Argumentei, ainda, que eu sabia o quanto devia estar sendo difícil sua adaptação à vida na prisão, mas que entendia que a vida fora dela também deveria lhe parecer um tormento.

Algumas semanas depois de Jeff ter sido transferido para a Columbia Correctional Institution, Boyle enviou uma carta dizendo que meu filho estava novamente em isolamento por ter escondido uma lâmina em sua cela. Ela havia sido descoberta durante uma das inspeções de rotina dos pertences dos detentos e era do tipo encontrado em barbeadores de plástico.

Em resposta, liguei para a penitenciária e falei com o psiquiatra de Jeff. Ele me assegurou que a equipe da prisão havia levado a tentativa de roubo de uma lâmina de barbear muito a sério, por isso meu filho havia sido colocado na vigilância de suicídio. Além disso, acrescentou, Jeff estava sendo medicado com Prozac, um potente antidepressivo que, ele acreditava, seria capaz de tirá-lo daquela crise de depressão severa. Porém, o efeito do medicamento não era imediato; levaria cerca de duas semanas para que a droga se adaptasse ao seu organismo.

Pouco tempo depois, Shari e eu dirigimos até Milwaukee e, após mais duas horas de estrada, chegamos à Columbia Correctional Institution.

Quando Jeff foi trazido ao parlatório, ele estava abatido e deprimido, com o cabelo embaraçado, a barba por fazer. Parecia não dormir há muito tempo.

Após nossos cumprimentos de sempre, perguntei sobre a lâmina de barbear.

"Eu peguei só para o caso de as coisas ficarem piores no futuro", disse ele.

Tentei ser otimista, ajudá-lo a viver a vida da melhor forma que podia. Ele respondeu como era de seu feitio, assentindo em silêncio, concordando com tudo que eu dizia, mas sem oferecer quase nada como resposta. Depois disso, falamos um pouco sobre o estado de saúde de mamãe, o que ele estava comendo e como estavam nossos gatos.

Na saída, os agentes da penitenciária nos deram uma caixa de itens que haviam sido enviados a Jeff, junto de uma grande quantidade de correspondências. No caminho de volta, naquela noite, Shari leu as cartas para mim em voz alta do banco do passageiro, uma das mãos segurando uma lanterna para enxergar a caligrafia com exatidão.

A variedade era assombrosa. Algumas cartas começavam com cumprimentos como "Saudações em Nome do Grande Eu", ou simplesmente "Olá, Sou Eu de Novo", e terminavam com frases que iam de "Sinceramente, Um Humilde Servo do Rei dos Reis" até "Solitariamente Sua".

Como era de se esperar, a maior parte dessas cartas era de cunho religioso e havia sido escrita por pessoas que estavam tentando salvar a alma de Jeff, por isso quase sempre incluíam algum exemplar de literatura religiosa, como panfletos que coubessem dentro de um envelope comum. Algumas cartas eram de adolescentes querendo fazer amizade por correspondência. Outras eram abertamente sexuais, tanto de homens quanto de mulheres, recheadas de descrições tão explícitas que não ouso mencioná-las aqui.

Também havia algumas cartas de amor. Uma mulher escreveu a Jeff para dizer que havia descolorido seu par de jeans e estampado nele as iniciais de seu nome. "Estamos destinados a ficar juntos", uma segunda mulher escreveu. Outras cartas se referiam a Jeff como "amor, gato, querido, meu lindo". Uma mulher o descrevia como "fofo e interessante".

Algumas pessoas escreviam a Jeff usando termos menos românticos. "Você me parece uma pessoa muito inteligente", um homem escreveu. "Afinal, você tava ganhando nove dólares por hora de trabalho!"

Certas cartas vinham de colecionadores de autógrafos e caçadores de souvenirs. Muitas pediam que Jeff aceitasse encontrá-los na prisão. Uma mulher pedia apenas que ele aceitasse se encontrar com ela no Paraíso.

Outras correspondências pretendiam atualizar Jeff sobre as últimas "piadas de Jeffrey Dahmer". Uma mulher chegou a enviá-lo a letra completa da música "You've Got a Friend".[2]

Um número reduzido de cartas vinha de pessoas bastante perturbadas. Dessas, algumas eram relativamente moderadas. "Meu sonho me contou que sua doença mental era complexa, mas explicável", um homem disse, "assim como a minha". Outra era mais assustadora: "Os médicos dessa instituição subestimam o que sou capaz de fazer!". Algumas sugeriam um nível ainda maior de insanidade: "Tenho certeza que o primeiro imbecil que cruzar meu caminho vai ser mutilado de um jeito bem tosco". Alguns supremacistas brancos também enviaram a meu filho os mais sinceros parabéns por ter assassinado tantos jovens negros. Um deles queria saber se ele tinha tido essa ideia enquanto serviu na Alemanha.

De certa maneira, essas cartas podiam ser descartadas. Afinal, elas envolviam um segmento pequeno e profundamente perturbado da população. Mas outras, contudo, pareciam envolver um grupo maior de pessoas, contendo em si toda a vasta tristeza do mundo. "Eu sei o que é se sentir só", uma mulher escreveu. "Meu marido era tudo para mim, e quando ele morreu, eu quis ir com ele." Cada uma dessas cartas

---

[2] "You've Got a Friend", Carole King, 1971. Na letra, percebe-se uma possível mensagem de consolo e oferta de amizade e ombro amigo a alguém solitário. [NE]

formava uma corrente de queixas imemoriais: "Meu noivo é um alcoólatra". "Eu acabei de terminar com meu namorado." "Eu sofro de tontura." "Tomo Fenital para minha epilepsia." "Eu tenho um problema com meu marido." "Queria voltar para os anos de colegial." "Nunca fui para a universidade." "Tenho dificuldade de aprender a dar a ré na van do meu trabalho." "Não consigo me expressar tão bem no papel." "Sinto raiva o tempo todo." "Meu projeto foi recusado de novo." "Ninguém gosta da minha música." "Ninguém me entende." "Ninguém se importa." "Às vezes a única coisa que consigo sentir é ódio."

Algumas dessas cartas mostravam um nítido e profundo sofrimento emocional: "Quando vou dormir, eu morro", escreveu uma mulher. "Eu me sinto tão infeliz, simplesmente não me importo com nada", dizia uma outra. Dúzias de reclamações semelhantes se juntavam a estas: "Não consigo mais dormir"; "Estou sempre tremendo"; "Me sinto tão perdido"; "Me sinto tão anestesiado"; "Sou tão pessimista na maior parte do tempo"; "Sou uma pessoa tão limitada."

Era óbvio que, de forma bizarra, algumas dessas pessoas acreditavam que meu filho podia resgatá-las dessas vidas em que se sentiam tão aprisionadas. "Só você pode me tranquilizar", escreveu uma mulher. Ocasionalmente, havia uma insinuação de que uma conexão com meu filho solucionaria o problema de maneira sinistra. "Depois que eu te encontrar", uma mulher escreveu, "a cadeia que se vire com meu marido."

Essas cartas chegavam às centenas pelo correio, algumas em envelopes enfeitados com desenhos de animais, cenas religiosas, passagens bíblicas ou súplicas silenciosas a pedido de uma assistência milagrosa. "SOS Me ajude!", dizia um deles. Outro envelope alertava, em tom delicado: "Coraçõezinhos anexos".

Enquanto dirigíamos através da noite, Shari desmoronava durante a leitura de todas essas cartas, a lanterna trepidando em sua mão, lágrimas rolando pelas bochechas. Era uma reação que me chocava pelo nível de intensidade e emoção, pela forma como demonstrava uma pena e uma empatia que eu simplesmente era incapaz de sentir. Observando-a, eu sempre me perguntava por que, em uma imensidão de sentimentos, eu só conseguia expressar o mínimo.

Em 1º de maio de 1992, Jeff apareceu na Corte Penal de Akron, Ohio, e se declarou culpado pelo assassinato de Steven Hicks. Saindo da Columbia Correctional Institution, Jeff viajou de avião até Akron e chegou cedo; dessa forma, graças à tutela do xerife Troutman e do Departamento de Polícia do Condado de Summit, Shari e eu pudemos visitá-lo por um curto período na noite anterior à audiência agendada.

Encontramos com Jeff no Departamento de Polícia do Condado de Summit. Ele parecia muito melhor que de costume. Mesmo que estivesse usando seu uniforme habitual de presidiário, ele parecia muito limpo e arrumado. É claro que estava nervoso, como sempre, mas não de todo retraído. Por cerca de meia hora, falamos sobre coisas relativamente ligadas à audiência, e assegurei a ele que ficaria na Corte durante pouco mais de uma hora, por isso não precisaria ficar tão nervoso. O processo, disse a ele, era curto e grosso. Não haveria nenhuma surpresa.

No dia seguinte, a apenas alguns minutos antes do julgamento, Shari e eu nos encontramos com Jeff de novo. Nesse encontro, Jeff parecia muito apreensivo com a audiência. Ele temia o mesmo assédio midiático experimentado em Milwaukee, mas, mais do que tudo, temia a possibilidade de se encontrar com os pais de Steven Hicks, ou de escutar, outra vez, os detalhes de seu assassinato. Fizemos uma breve oração, de mãos dadas.

"Vai dar tudo certo, Jeff", assegurei-o.

Ele não parecia muito confiante.

"É só uma formalidade", acrescentei, "algo que você tem que fazer."

Jeff assentiu de leve, mais resignado do que nunca.

Sorri. "Você está bonito, Jeff", eu disse.

Era verdade. Ele estava usando um terno e uma camisa muito limpos e asseados, mas ainda não tinha colocado a gravata.

"Você devia amarrar sua gravata agora", sugeri a ele. "Vamos entrar na sala do tribunal logo mais."

Jeff me encarou, sem ação.

"Vai, filho", continuei, "amarre a gravata."

Jeff não se mexeu. "Não posso", ele disse.

"Por que não?"

Ele deu de ombros. "Eu não lembro como faz", respondeu.

Então fui até ele, envolvi seu pescoço com a gravata, dei um nó e o aproximei de forma elegante contra a garganta.

"Agora você está bonito de verdade", falei.

Jeff sorriu de leve. "Obrigada, pai."

Em poucos instantes, ele foi levado à sala do tribunal. A audiência durou pouco mais de uma hora. Os Mozenter estavam presentes, assumindo seus papéis como promotores de

Jeff, enquanto Larry Vuillemin era seu representante local. No geral, o julgamento foi tratado com muita dignidade. Não houve qualquer pirotecnia legal ou frenesi midiático. No fim dele, Jeff foi sentenciado à prisão perpétua sem possibilidade de entrar com um pedido de liberdade condicional.

Ao final da audiência, meu filho foi levado rapidamente de volta à sala de espera, onde nos deram cinco minutos para a despedida. Ele ainda usava a gravata que eu havia amarrado para ele.

Algumas semanas depois, no dia 9 de junho de 1992, garanti a Jeff que logo pegaria de volta os pertences pessoais que a polícia havia confiscado de seu apartamento em Milwaukee.

Logo em seguida, como de costume, desatei a falar sobre meu trabalho. "Acabei de terminar a análise de alguns compósitos à base de epóxi no laboratório", escrevi. "Você já deve ter ouvido falar de resina epóxi em algum momento. Tais amostras contêm o grupo epóxi $_C\overset{O}{\triangle}_C$ e os pesquisadores que as submeteram desejam saber qual a percentagem desse grupo presente nas amostras."

Agora, ao reler essas passagens de minha correspondência com Jeff, vejo-as como símbolos perfeitos daquela parte da minha paternidade que sempre foi intransigente, evasiva e inábil. Na forma como me concentrava em cada minúcia trivial da vida, na ênfase e na falta de significado, na maneira como substituía conteúdo por detalhes e sentimentos por informações, sempre exibindo uma determinação contínua de fugir da essência perturbadora que habitava em mim e meu filho, escapar da linha que, incontestavelmente, nos conectava.

Em outra carta, escrita em 2 de julho, as mesmas características são igualmente evidentes.

Nesse caso, minha evasiva toma o formato de uma irrelevante previsão do tempo: "Estou sentado no escritório. Está muito quente e úmido lá fora. A grama está ficando marrom devido à falta de chuva por aqui. Tem um ventiladorzinho ligado ao lado da minha mesa de trabalho, apoiado em cima do ar-condicionado de chão que está virado para mim." E assim por diante, interminavelmente.

O vazio absoluto dessas frases, além da falta de significado, torna a característica tediosa de meu relacionamento com meu filho bastante óbvia. Não posso deixar de me lembrar de quando, anos antes, após descobrir que Jeff estava vivendo sozinho depois de ter sido abandonado na casa de Bath Road, praticamente o deleguei para Shari enquanto procurava pelo meu outro filho, dando telefonema atrás de telefonema em uma tentativa desesperada de localizar Dave. Enquanto isso, durante todo aquele tempo, Jeff esteve a poucos quilômetros de distância, ao alcance das minhas mãos, porém muito mais perdido que meu outro filho, mais carente de ajuda, e, em um sentido mais profundo, bem mais parecido comigo do que eu jamais poderia imaginar.

Por volta da segunda quinzena do mês de agosto, Shari e eu visitamos Jeff na Columbia Correctional Institution. Naquela época, ele já fazia uso de Prozac há vários meses, por isso seu humor havia melhorado consideravelmente. Embora ainda não convivesse com o restante da população carcerária, ele já não estava em total isolamento. Parecia muito mais animado, bem mais empenhado. Falou sobre a possibilidade de conseguir um emprego dentro da prisão. Mencionou diversas possibilidades de trabalho, mas parecia interessado nas que envolviam a gráfica da penitenciária. Um benfeitor anônimo havia depositado 130 dólares na conta de meu filho, e, com aquele dinheiro, Jeff encomendou treze livros, todos eles tendo como tema a controvérsia envolvendo a relação entre o criacionismo e o evolucionismo. Ele se espantava que uma teoria científica que, durante seus anos de escola, havia sido recebida como fato indiscutível, pudesse ser questionada. Jeff parecia deliciado com essa possibilidade, em especial pelo fato de ser uma ideia tão amplamente aceita — era como se não existisse nenhuma verdade absoluta.

Shari e eu deixamos a penitenciária mais tarde naquela manhã, e, algumas horas depois, porque queríamos relaxar, demos uma passadinha na Wisconsin State Fair,[3] em West Allis. Era um dia radiante e ensolarado, e, enquanto passeávamos pela feira, podíamos sentir que havia uma luz no fim do túnel para Jeff. Ele parecia em boa forma, tanto física quanto mentalmente. Tínhamos esperanças de que aprendesse a se adaptar à vida na prisão, e que a aproveitasse da

---

3   A Wisconsin State Fair é uma feira anual realizada no Wisconsin State Fair Park em West Allis, Wisconsin, subúrbio de Milwaukee. O evento possui ampla programação de shows, comidas, bebidas e exposições agrícolas. [NE]

melhor forma possível. Diante de tudo isso, parecia possível que, por uns preciosos minutos, pudéssemos aproveitar a atmosfera casual e divertida da feira.

Em determinado momento, paramos para almoçar. Parei em uma barraquinha e comprei dois cachorros-quentes de linguiça e duas limonadas. Havia uma densa multidão e nós nos sentíamos confortáveis com a transparência da situação, com aquele mar de rostos, os nossos se camuflando ali no meio, satisfeitos, contentes, anônimos.

Então, de repente, enquanto procurávamos uma mesa onde pudéssemos nos sentar para almoçar, uma mulher loira se aproximou e agarrou o braço de Shari.

"Venham sentar com a gente", ela disse. "Eu sei quem *vocês* são."

Em setembro, recebi uma lista oficial de todas as coisas que haviam sido confiscadas do apartamento de Jeff. Sessenta e nove folhas de papel timbrado, todas marcadas com as palavras *Inventário de Polícia*, listavam os resíduos da vida de meu filho.

Havia filmes que ele tinha assistido. Alguns inofensivos, como *Blade Runner: O Caçador de Androides* e *Star Wars*; outros horrivelmente sugestivos, como *Hellraiser II: Renascido das Trevas* e *O Exorcista III*; e, ainda, umas fitas pornográficas, como *Hardmen II*, *Rock Hard* e *Tropical Heat Wave*.

Havia alguns materiais de leitura, todos eles pornográficos, com exceção de quatro livros sobre manutenção e cuidado de peixes.

Havia música que ele escutava, como Mötley Crüe e o álbum *Hysteria*, de Def Leppard.

Havia suplementos alimentares que o fortaleciam: Yerba Prima, Vita e Anabolic Fuel; reunidos, sem qualquer ordem, junto de um monte de *junk food*, como Doritos e batatas Ruffles, o que indicava uma vida desregrada.

Havia coisas que ajudaram na destruição do meu filho: garrafas de rum e latas de cerveja, uma coleção alcoólica indiscriminada; Budweiser, Pabst Blue Ribbon, Miller High Life.[4]

Havia produtos químicos que ele usava para limpar: Clorox, Pinho Sol e Lysol. Havia produtos químicos que ele usava para matar: clorofórmio, éter e Triazolam,[5] além de seis caixas de Soilex, um solvente que ele usava para derreter a carne dos mortos. Havia produtos químicos que ele usava para preservar os cadáveres: formaldeído e acetona. Havia até produtos químicos que ele usava para esconder o cheiro de suas vítimas: Odor-sorb, um aromatizante e neutralizante de odores, também em grande quantidade — seis caixas.

Havia coisas que pareciam inofensivas, porém tinham um significado sinistro: três garfos de cabo preto, duas facas de açougueiro, um par de luvas nitrílicas, um serrote com cinco lâminas removíveis e uma furadeira com broca de ¾ de polegada.

---

4   Marcas de cervejas norte-americanas. [NE]
5   O triazolam pertence ao grupo das benzodiazepinas. Costuma ser utilizado no tratamento de insônia grave, pois, em adição às suas propriedades hipnóticas, ainda possui propriedades amnésicas, ansiolíticas, sedativas, anticonvulsivas e relaxantes musculares. [NE]

Havia itens muito comuns, mas que, de uma hora para outra, haviam se tornado indizivelmente perversos: molho barbecue e amaciante de carne.

Havia uns poucos objetos que ele usava para embelezar a própria vida: um tronco ornamental, penas artificiais de pavão e um aquário iluminado.

Havia símbolos do mundo moderno: um computador e um manual de instalação de software, um guia de DOS (Sistema Operacional em Disco), uma capa azul e branca de laptop. Também havia artefatos de um mundo antigo: dois grifos de plástico e um incensário.

Havia coisas que Jeff usava para dar vida: uma caixa de comida de peixes. E havia coisas que ele usava para acabar com ela: um par de algemas folheadas a níquel.

E havia, por fim, os vestígios incontornáveis do tremendo dano que ele havia causado. Cada um dos itens foi listado, de forma macabra, em um único e terrível inventário:

1 Fronha branca c/flores azuis manchada de sangue
1 Fronha preta e 1 travesseiro manchados de sangue
1 Lençol preto manchado de sangue
1 Capa branca de colchão manchada de sangue
1 Fronha preta manchada de sangue
1 Colchão estampado c/flores azuis manchado de sangue dos dois lados

No sábado, 28 de novembro, fui buscar todas as coisas que a polícia havia apreendido e recolhido do apartamento de Jeff após a prisão, desde que não estivessem ligadas — de forma alguma — aos crimes. Eram muitos objetos, por isso levei um furgão comigo até o Prédio de Segurança adjacente ao Quartel de Polícia de Milwaukee.

A garagem da polícia era subterrânea, então dirigi o furgão debaixo do prédio, depois dei ré até o depósito, onde as coisas de Jeff estavam armazenadas desde julho do ano anterior.

Escoltado por três investigadores, entrei em um amplo depósito de concreto. Alguns homens já estavam reunindo os pertences de Jeff na frente do cômodo. Havia muito mais do que eu esperava, e, por um longo tempo, observei enquanto arrastavam para fora os itens maiores: uma televisão, dois abajures pretos, várias mesas e cadeiras — acessórios usados em uma existência que tinha sido vivida à margem da sociedade. A meus olhos, Jeff nunca havia parecido tão perdido quanto nas coisas que havia possuído.

Em dezembro de 1992, minha mãe, outra vítima inocente, faleceu na morada final onde eu a havia colocado alguns meses antes. Ela morreu em paz, enquanto dormia. Shari e eu dirigimos até Milwaukee a fim de providenciar o funeral. Dois dias depois, mamãe foi enterrada.

Depois da cerimônia fúnebre, dirigimos até a penitenciária para vermos Jeff. Ligamos pouco antes de sairmos de casa, então ele já estava ciente da morte da avó quando chegamos. Na noite da morte dela, ele me contou, havia experienciado uma onda súbita de nervosismo e terror. "Não sei", ele disse, "Naquela noite, eu me senti extremamente tenso, como se meu sistema nervoso fosse explodir." Algumas horas depois, acrescentou, a sensação foi embora.

No caminho de volta da Columbia Correctional Institution, com Shari ao meu lado, experimentei uma estranha sensação de encerramento. Um dos maiores papéis da minha vida, o de filho zeloso, tinha terminado. Agora, eu era apenas um pai.

Em casa, fui até o porta-malas do carro, abri-o e apanhei a caixa que havia trazido comigo de Columbia. Levei-a até o porão, abri a tampa e olhei para dentro. Não havia nada digno de nota, nada especialmente significativo, apenas os itens de costume que estranhos enviavam a Jeff por motivos que sou incapaz de adivinhar: comida enlatada ou empacotada; roupas e vitaminas; lápis, canetas e bloquinhos; crucifixos e terços de todos os tipos; audiolivros; bichinhos de pelúcia; envelopes com selo, alguns já autoendereçados, outros não; livros, tanto em capa dura quanto em brochura, no geral de cunho religioso; revistas de notícias; revistas de vida selvagem; revistas religiosas; uma pilha de *Reader's Digest*; e, é claro, centenas de cartas, algumas ostentando selos estrangeiros.

Por um momento, ver todas aquelas coisas reunidas em uma pequena caixa marrom me deixou terrivelmente triste, uma tentativa patética e inútil de ajudar através de gestos impossíveis de simpatia e consolo. Eu havia trazido tudo aquilo para a minha casa, e, no processo de retirar cada uma dessas coisas da caixa, recordei-me de todas as outras vezes que estive em um dos lugares em que Jeff havia morado, reuni todos os seus pertences e os trouxe de volta para casa. Quando fracassou na faculdade, eu trouxe suas coisas de volta. Quando foi condenado por abusar sexualmente de um menor de idade, dirigi até a casa de minha mãe e trouxe suas coisas de volta. E agora, no fim de seu julgamento, mais de um ano depois de sua prisão, dirigi até o subsolo do Prédio de Segurança e, mais uma vez, recolhi todas as suas coisas e trouxe de volta. Todos os meses, eu voltava para ele, conversava um pouco, depois reunia seus pertences e os levava para casa. Do meu ponto de vista, não há metáfora melhor, para os que vivem à sombra de um filho problemático, que essa sensação exaustiva e interminável de estar constantemente arrumando as coisas.

Mas que coisas minhas eu poderia arrumar? O que eu poderia ter juntado e jogado fora para que Jeff não tivesse acesso? Nos primeiros anos de infância, nós nos desfazemos de tudo que possa ser perigoso para as nossas crianças. Escondemos bolas de gude, grampos e tachinhas para que elas não possam engoli-las. Guardamos facas, armas, venenos e até saquinhos de plástico. Tampamos tomadas e colamos amortecedores em todos os cantos pontudos da casa.

Contudo, há coisas das quais não podemos proteger nossos filhos, e passei a acreditar que, dentre essas muitas coisas, algumas têm o potencial de carregar em si um mal profundo e imensurável. Como cientista, sempre me pergunto se esse potencial para o mal está escondido no sangue que alguns de nós, pais e mães, passam para os filhos no nascimento. Além da minha contribuição genética — qualquer que tenha sido ela —, a violência da nossa sociedade e a mídia tiveram uma imensa influência sobre meu filho e incontáveis outros jovens que são constantemente expostos à glorificação da violência assistida em filmes e programas de televisão. Eu também acredito que, se um psicólogo sábio, habilidoso e atencioso tivesse guiado Jeff em sua juventude, naqueles anos de formação, meu filho poderia ter tido um final diferente.

Se formos sortudos, passamos adiante nossos dons, não só os dons espirituais, intelectuais e físicos, mas nossa habilidade de sentir amor e compaixão, de suportar os infortúnios, de nutrir a vida e de honrá-la.

Porém, alguns de nós são condenados a passar adiante uma maldição.

Sempre que penso na entrevista que dei para o programa *Inside Edition*, tantos meses atrás, escuto a entrevistadora fazer aquela pergunta novamente: "Você perdoa o seu filho?".

Sim, eu perdoo.

Mas e ele? Será que ele deveria me perdoar?

Não tenho tanta certeza, pois passei a acreditar que as compulsões que dominaram meu filho talvez tenham tido sua origem em mim, por meio das coisas que fiz ou deixei de fazer com ele. Talvez eu, e muitos outros, só tenhamos escapado do mesmo destino que ele pela Graça de Deus, devido à dotação genética ou ao legado psicológico de nossos genitores. As fantasias bizarras da minha juventude, os impulsos violentos que surgiram por causa de todos aqueles sentimentos de inferioridade e impotência talvez tenham limitado minha capacidade de expressar todo meu amor ao meu filho — todas essas coisas negativas, acredito, foram transmitidas para Jeff através de mim.

Para mim, as terríveis implicações dessas muitas possibilidades são uma questão profundamente dolorosa. Mesmo assim, depois de tudo o que aconteceu com o meu filho, depois de todo o sofrimento e a devastação que sua vida impôs sobre outras, não posso evitar considerar a hipótese mais sombria de todas.

Porém, na ausência de uma análise profissional, não posso ter certeza. Entretanto, como cientista, devo aceitar que a genética é uma poderosa força motriz na formação de um ser humano, e que metade da genética de meu filho veio de mim, ainda que mutações genéticas possam ocorrer a qualquer momento em um organismo, influenciando o desenvolvimento de forma imprevisível. Não sei, e nunca saberei, o quanto as drogas, o alcoolismo e as medicações que minha esposa tomou enquanto ainda se formava em seu útero contribuíram para os crimes de Jeff. Também não posso avaliar com certeza que efeito nossas relações familiares disfuncionais tiveram na vida dele enquanto crescia, ou adivinhar como uma intervenção terapêutica poderia tê-lo ajudado em qualquer momento de sua jornada rumo à destruição. Será que Jeff foi influenciado pelo nível de violência presente na sociedade ou pela constante violência exibida nos filmes ou na televisão?

Agora, muitos meses após o julgamento de Jeff e nosso martírio, sou um homem em constante ruminação, uma alma torturada pelas ações do meu filho neste mundo. Ainda me sinto tomado por um desconhecimento completo, tanto no que diz respeito a Jeff, quanto ao efeito que exerço sobre ele como pai — em todas as minhas omissões e contribuições. A paternidade continua sendo um profundo enigma para mim, e, quando contemplo a ideia de que meu outro filho também possa vir a ser pai um dia, só consigo pensar em dizer a ele o que diria a qualquer futuro pai: "Tome cuidado, tome cuidado, tome cuidado...".

EPÍLOGO

No dia 28 de novembro de 1994, pouco depois de chegar ao trabalho, recebi um telefonema de Shari me contando que Jeff estava morto. Uma onda de calor me invadiu. Era muito parecida com o choque que havia sentido, enquanto estava sentado naquela mesma escrivaninha, em julho de 1991, ao receber a notícia de que Jeff havia sido preso por assassinato. Contudo, desta vez, o sentimento era diferente. Eu me sentia como se uma parte mais profunda de meu ser tivesse me deixado. Estava em completo desespero.

De certa forma, o assassinato de Jeff foi o resultado de uma série de eventos e emoções que nos deixaram fora de equilíbrio, pensando "O que vai acontecer agora?". Muitas coisas ainda estão acontecendo, algumas delas causaram um enorme transtorno em nossas vidas. Meus pensamentos se voltam em especial para minha querida esposa, Shari, que tem sofrido com toda essa tensão. Parece injusto que a pessoa que sempre fez de tudo para manter o laço forte de amor e carinho entre nós seja a que mais sofre.

Pouco tempo atrás, duas semanas antes de uma cirurgia nos olhos, Shari foi forçada a dar um longo e extenuante depoimento em vídeo, por ordem do tribunal, devido a um processo judicial que alegava que nós "sabíamos ou deveríamos saber que o acusado, Jeffrey Dahmer, sempre teve comportamento desviante e estava destinado a causar graves ferimentos ou a morte de outras pessoas". Não conseguimos entender por que Shari foi indiciada, uma vez que tinha conhecido Jeff só no final da adolescência, na primavera de 1978. Embora diversos promotores públicos tenham dito que Shari deveria ser dispensada o mais brevemente possível, esse processo durou dois anos, ocasionando em sua demissão e em uma piora de seus problemas de saúde. Diversos tratamentos médicos e psicológicos foram necessários, pois minha esposa se sentia difamada. Ela precisou até mesmo contratar um advogado. Shari sempre veste uma máscara de bom humor, mas sei que, por dentro, é uma pessoa frágil. Enquanto isso, que irônico; a mãe biológica de Jeff nunca foi sequer chamada para depor! Assim, fomos deixados com uma sensação confusa e dolorosa envolvendo esse processo judicial, tendo uma única certeza em mente: Shari não merecia sofrer desse jeito.

Por outro lado, nossa experiência com pessoas como Theresa Smith suavizaram muito da nossa dor. Após o serviço memorial de Jeff, ela disse, "Eu perdoo Jeff, Lionel", referindo-se ao assassinato de seu querido irmão, Eddie. Fui tomado de uma sensação de alívio e surpresa enquanto nos abraçamos pelo que pareceu um longo período. Shari sorriu, sabendo como eu estava me sentindo, apertou minha mão e me deu um beijo. Agora que Jeff estava morto, era o momento de me focar naqueles que mais amava — em Shari, acima de tudo — e, em seguida, em meu outro filho, Dave. Pessoas que, como muitas outras, tinham feito tudo o que podiam para nos consolar e partilhar do nosso luto.

Alguns dos correspondentes de Jeff passaram a nos contatar. Eles se diziam chocados e tristes por terem perdido um amigo de verdade. Muitos diziam que Jeff tinha em si uma certa inocência, que era uma pessoa diferenciada. Duas pessoas de Adelaide, na Austrália, nos escreveram: "A mídia disse que somente a família de Jeff derramaria lágrimas com a sua partida. Ela estava enganada". Um amigo próximo, um ótimo pai, transmitiu suas mais profundas condolências e disse que *Meu Filho Dahmer* fez com que refletisse profundamente a respeito de sua própria paternidade, e que mal podia esperar para que seus filhos mais velhos lessem o livro. Comentários como esse me convenceram de que meu livro estava cumprindo com um de seus principais objetivos: estava ajudando as pessoas.

Dia desses, um entrevistador perguntou minha opinião sobre o papel da "herança genética" e percebi que não tinha sido tão claro sobre muitas questões dentro do livro. Tive diversos devaneios enquanto tentava compreender Jeff — muitos envolviam a influência genética e a influência do meio. Meu psicólogo me alertou: "Lionel, algumas das possíveis influências que você listou podem não estar envolvidas e, além disso, eu me decepcionaria muito, levando em consideração seu nível de inteligência, se você achasse que qualquer uma delas é totalmente responsável pelas atitudes

.225

de Jeff". O ponto é que eu estava envolvido em uma tempestade de ideias, não um estudo científico a respeito de genética ou outros temas ligados ao que era Jeff. Na verdade, não há nenhum histórico de comportamento antissocial na minha família.

Alguns de vocês podem se perguntar por que ouso sofrer pela perda de alguém que fez tudo o que ele fez. Além da resposta óbvia e verdadeira, a de que ele era meu filho e, por isso, nutro muitas memórias doces de sua fase de criança, eu sofro, sobretudo, porque quase um ano antes de ter sido assassinado ele havia se transformado em alguém que não tinha quase nada em comum com a pessoa que cometera aqueles atos terríveis de assassinato. Sua humanidade estava sendo restaurada. Shari e eu notamos uma tentativa significativa de reaproximação. Durante uma visita aprovada pelo carcereiro Endicott, Jeff se desculpou pessoalmente com Theresa por toda a dor causada a ela e tentou responder à sua dúvida sobre se Eddie havia ou não sofrido em seus últimos momentos. O pastor da Igreja de Cristo, Roy Ratcliff, de Madison, Wisconsin, que batizou Jeff em Cristo e estudava a Bíblia com ele, foi questionado por terceiros sobre a redenção de Jeff ter aumentado seu próprio conceito envolvendo a Graça de Deus. Segundo o sr. Ratcliff, essa era simplesmente a maneira como a Graça de Deus operava. Ele prosseguiu dizendo que todas as partes negativas da vida de Jeff ilustravam até onde alguém podia se afundar quando Deus não era parte de sua vida, enquanto, no lado positivo, demonstravam o quanto alguém pode se elevar uma vez que permite que Deus tome as rédeas de sua própria existência. Essa foi a forma que o sr. Ratcliff encontrou de dizer, gentilmente, que se acreditar na possibilidade de que Jeff poderia ser salvo significasse que seu conceito de graça seria expandido, esse conceito teria de ser menor que o descrito nas sagradas escrituras.

Uma carta escrita para Mary Mott, de Arlington, Virgínia, em abril de 1994, ilustra a sinceridade de Jeff de forma bastante característica:

Querida sra. Mott,

Olá, muito obrigado por me enviar o Curso Bíblico por Correspondência. Além disso, muito obrigado pela Bíblia! Quero aceitar a salvação de Deus, mas não sei se a penitenciária permitirá que eu seja batizado. Sr. Burkum, nosso capelão, não tem certeza se é capaz de encontrar alguém que me batize aqui na cadeia; estou muito preocupado com isso. Espero que esta carta te encontre saudável e bem. Que Deus te abençoe!

Sinceramente, Jeff Dahmer

Assim, foi iniciada uma série de correspondências entre Jeff e muitas outras pessoas maravilhosas além de Mari, culminando no evento a que Jeff se refere nesta carta para o sr. Garland Elkins, de Memphis, Tennessee, em que diz: "Sim, eu fui batizado em Cristo no dia 10 de maio, por volta das 14h. Foi um dia meio estranho para ser batizado, porque era o dia do eclipse solar. Lá pelo meio-dia, a maior parte do sol estava coberta, mas às 14h ele já estava brilhando de novo... Eu gostaria de dividir o plano completo de salvação com os outros detentos...".

Em retrospecto, me parece que uma longa linha de eventos cuidadosamente orquestrados levou Jeff a esse ponto. Em 1989, eu mesmo "retornei" para os braços de Deus, por influência de meu outro filho, Dave, e tendo me sentido bastante afetado por um seminário apresentado por um cientista de Montgomery, Alabama, o dr. Bert Thompson. Então, logo fiz contato com uma rede de cientistas que iam da Califórnia até a Rússia. Compartilhei fitas e artigos com Jeff, de 1989 até o momento de sua captura, em julho de 1991, e depois, continuei, até o dia de sua morte. Contudo, Jeff estava aprisionado por suas compulsões obsessivas; até seu encarceramento, segundo suas próprias palavras, nada seria capaz de comovê-lo. Depois de sua prisão, Jeff disse que sentiu como se um véu tivesse sido levantado de seus olhos, e parecia capaz de discutir seu destino e até mesmo algumas das "descobertas" que eu havia feito e queria dividir com ele.

Em uma determinada visita, Jeff me confessou que, anteriormente, não se sentia responsável pelos próprios atos, em parte por conta do que havia aprendido na escola a respeito da origem da vida e, depois, por causa de todo o resto. Quando perguntado sobre seus pensamentos ao cometer tais crimes, Jeff explicou a Stone Phillips, na entrevista da *Dateline*, NBC, "Senti que eu não devia me sentir responsável pela vida de ninguém — se o homem veio de uma gosma,[1] não é responsabilidade de ninguém". Embora não seja verdade, é claro, que todos os criminosos, ou até mesmo pequenos infratores, cometam delitos por causa da hipótese de que todos viemos de uma gosma, Jeff e eu concordamos que ensinar esta única crença, no fim das contas, acaba sufocando o pensamento livre e afetando milhões de vidas. Durante sua pena, Jeff leu treze livros que tinham a origem da vida como tema e eu adorava debatê-los com ele. Falávamos sobre as últimas descobertas. Contei a ele sobre o trabalho de um microbiologista russo que estava pesquisando mudanças genéticas nos animais. Jeff pareceu bastante intrigado quando disse a ele que seu trabalho podia mostrar por que enxergávamos mudanças apenas dentro de alguns limites estabelecidos. Então, Jeff respondeu que até mesmo Stephen J. Gould, de Harvard, um dos mais famosos evolucionistas do mundo, admitia que formas de transição são quase inexistentes, pois os limites dos dados brutos, resultantes dos mapeamentos genéticos, são quase sempre muito discretos. Em seguida, tanto Jeff quanto eu concordamos que, talvez, a programação do DNA em uma fantástica microescala fosse a evidência, ali, bem debaixo de nosso nariz, de um design inteligente da vida que Carl Sagan incansavelmente procurava com seus radiotelescópios.

[1] Com essa expressão, Jeff faz referência à famosa experiência de Miller e Urey. No experimento, criado em 1953 pelos cientistas Stanley Miller e Harold Urey, cuja proposta era simular a atmosfera do planeta Terra em sua fase primitiva e tentar explicar a origem da vida, eles obtiveram uma gosma amarronzada — resultado de uma "sopa primordial" feita de todos os componentes químicos presentes durante a infância do planeta. [NT]

Tudo isso era muito estimulante. Sinto muita falta da mente questionadora de Jeff. Alguns de meus amigos e parentes, até mesmo membros do nosso núcleo familiar, aceitaram de primeira a crença filosófica predominante sobre a origem da vida sem nunca questionar. Jeff e eu, por outro lado, tivemos a sorte de "ouvirmos o outro lado da história" e de termos compartilhado, por um breve período, as evidências científicas sobre o design inteligente.[2] Jeff, em especial, compreendia que a forma como enxergamos nossas origens determina a maneira como encaramos nosso destino. Embora também falássemos incessantemente sobre coisas, pessoas, memórias felizes e tristes, escolhi fazer menção a essas conversas para caracterizar os sentimentos de profunda conexão que desenvolvi com meu filho ao debatermos sobre tais assuntos. Ele parecia se sentir como eu. Quem dera tivéssemos conhecido alguém como Bert Thompson quinze ou 25 anos antes!

Por isso, devido a esse interesse compartilhado e à evidência de uma mudança genuína dentro dele, sua partida foi muito difícil para mim. Às vezes me afundo em um estado de depressão profunda; desejo a presença dele. Tento distrair a mente mergulhando no trabalho. Escrever minhas reflexões tardias também funciona de maneira catártica, muito semelhante a quando organizei meus pensamentos em formato de livro e publiquei *Meu Filho Dahmer*. Contudo, é sempre doloroso ao

---

[2] O design inteligente é apresentado como alternativa às explicações naturais para a origem e a diversidade da vida. Ela se situa em oposição à ciência biológica convencional, pois defende que certas características do Universo e dos seres vivos são melhor explicadas por uma causa inteligente e não pela seleção natural. [NE]

extremo para mim, pois não consigo deixar de pensar na cabeça esmagada e no corpo severamente espancado do meu filho, deitado em uma maca no Veteran's Memorial Hospital, em Madison, Wisconsin. Minha dor deve se assemelhar à dos familiares das vítimas de Jeff. Shari, com seu jeitinho reconfortante, sempre diz que meu filho agora está em paz. Parte de mim concorda com ela, mas outra parte queria que Jeff tivesse vivido tempo suficiente para realizar seu desejo de dividir com outras pessoas seu conhecimento e sua recém-ganhada esperança. Porque Jeff encontrou novas metas e um novo caminho, ele abandonou a ideia de que deveria morrer pelo que havia feito. Diferente do que disseram, ele não tinha "desejo pela morte, mas era covarde demais para se matar". As pessoas que faziam essa afirmação não falavam com Jeff há, pelo menos, dois anos antes de sua morte.

Brian Masters, autor britânico de prestígio e um amigo bastante atencioso comigo e Shari, foi o escritor que mais compreendeu Jeff e os eventos que o envolviam. Em um artigo recente intitulado "Mas Ele Não Merecia Morrer", Brian, como eu, levanta a seguinte hipótese: por que Jeff não poderia ter contribuído com algo de valor para o mundo? Em seguida, o autor cita o notório Nathan Leopold, que ajudou a descobrir a cura para a malária e escreveu um livro didático de matemática enquanto estava na prisão.

Alguém, certa vez, disse que Jeff era como "um cometa que só passa pela Terra uma vez em um longo período de tempo". Embora isso seja uma excelente analogia, ignora um dos principais pontos discutidos em *Meu Filho Dahmer* — o de que Jeff era nada menos que o resultado de uma série de envolvimentos progressivos com pornografia e outras obsessões. Somos todos parte de um continuum, e, porque a consequência da luxúria é ainda mais luxúria, é muito importante que a família tome muito cuidado no desenvolvimento de padrões obsessivos em seus filhos (e em si próprios). Essa "luxúria" pode se manifestar como sexo, poder, controle, dominância, dinheiro, comida ou qualquer outra coisa; se chegar ao extremo, pode moldar um outro Jeff, ou, de forma mais branda, alguém que cometa pequenos delitos. No âmbito humano, muitas pessoas podem sentir certa relutância em lidar com isso. Sempre dizem para si mesmas que um pouco de luxúria não faz mal, que um pecadinho aqui e outro ali não é problema nenhum, e seria muito fácil descartar a existência de Jeff dessa forma, agindo como se ele fosse uma raridade, alguém sem relevância nenhuma para eles ou seus filhos, muito como um cometa que aparece quase nunca.

Algumas das reações à morte de Jeff foram bastante previsíveis. O congressista Trafficant, de Ohio, vociferou para os seus colegas que deveríamos deixar todos os presidiários matarem uns aos outros. O apresentador de um programa de rádio da WLS-AM de Chicago proclamou aquele como um dia de celebração e disse: "Tenho certeza de que, se existe um inferno, há um lugar de honra para Jeffrey Dahmer lá agora". Um membro da família de uma das vítimas de Jeff apareceu na TV, em um programa de auditório, propondo que o assassino de meu filho recebesse uma medalha. Diversas reportagens publicadas fora do estado de Milwaukee diziam que o assassinato de Jeff tinha sido uma espécie de "justiça poética".

Na minha opinião, o assassinato de Jeff não é um exemplo de justiça, mas sim do quanto o sistema judiciário penal é falho. A única mensagem que o assassinato de Jeff transmite é "Tome cuidado na prisão!". Não há nenhuma mensagem certa ou errada. Só mais morte, mais ódio, mais loucura, mais pecado. Em vez de glorificar o assassino de Jeff, qualquer pessoa com capacidade de refletir deveria se sentir incomodada por saber que algo desse tipo aconteceu em uma prisão de segurança máxima como a Columbia Correctional Institution.

Durante uma de minhas visitas, pouco depois de Jeff ter sido atacado com uma navalha, em julho de 1994, o capelão da penitenciária estava esperando por mim no lobby. Depois de conversarmos, ele me tranquilizou sobre a segurança do meu filho. Jeff me descreveu o ataque de forma bastante cruel, embora a imprensa tenha minimizado a agressão. O capelão, descobri após a morte de Jeff, também havia feito o possível para acalmar o pastor, Roy Ratcliff. Se ele estava dizendo isso apenas para proteger seus superiores ou não, isso está além do nosso conhecimento, mas nós dois concordamos que isso nos levou a uma falsa sensação de segurança, por isso nos sentimos muito traídos ao descobrir que Jeff havia sido assassinado. Além disso, senti uma culpa imensa. Eu deveria ter sondado o carcereiro ou outros guardas a fim de garantir a segurança de meu filho depois daquele primeiro atentado contra sua vida.

Descobri recentemente que, por incrível que pareça, era costume que Jeff ficasse por períodos de vinte a quarenta minutos totalmente sem supervisão, na presença de um homem que já havia atacado detentos com armas improvisadas em outra penitenciária de Wisconsin. Esse homem também ameaçava matar pessoas brancas com bastante frequência. Um relatório de julho de 1994 descreve como essa pessoa já havia feito ameaças diretas a Jeff, mas a administração da CCI concluiu que não eram concretas. Depois de atacar meu filho pelas costas e espancá-lo até a morte com uma barra de ferro de meio metro de diâmetro, esse homem atravessou o ginásio, diante de todas as câmeras de segurança, e concretizou ameaças feitas também a Jesse Anderson, assassinando-o em seguida. A investigação do assassinato, supostamente, chegou ao fim. Apenas uma pessoa foi acusada. No momento em que escrevo este livro, o sistema prisional ainda não deu quaisquer informações sobre os seguintes fatos:

Um presidiário escreveu a Steve Eisenberg, advogado de Jeff, dizendo que os guardas haviam sido cúmplices do crime, que tudo aquilo se tratava de um "esquadrão de ataque".

Jeff e Jesse foram deixados no trabalho às 8h da manhã de 28 de novembro de 1994, e o acusado pelos seus assassinatos, às 8h05. Depois disso, ninguém sabe explicar por que não havia ninguém no local das 8h05 até as 8h40, muito menos qual era o paradeiro dos guardas e do diretor de recreação. Ninguém ouviu os barulhos e gritos que, sem dúvida nenhuma, ocorreram?

Há câmeras por todo o lugar, sempre funcionado, e supostamente sendo monitoradas de um centro de controle. O que aconteceu?

Como é que uma pessoa com histórico de ameaças raciais e ataques com uso de armas improvisadas teve permissão de estar em um lugar onde havia uma barra de ferro? Ou até mesmo segurando um cabo de vassoura? Ou, ainda, próxima de pessoas que já tinha ameaçado?

Teremos de esperar para ver o que dirá o júri formado pelo diretor prisional de Wisconsin após "revisar os procedimentos e diretrizes da CCI".

Embora Jeff esteja morto, esse filme continua rodando em minha mente. Ainda precisamos lidar com diversos problemas, como os obstinados esforços de um promotor de Milwaukee para leiloar os instrumentos usados por meu filho em seus crimes. Felizmente, muitos familiares das vítimas de Jeff perceberam as ramificações dessa iniciativa e se juntaram a nós em contraposição. Um amigo europeu me informou que não só tal leilão seria proibido em seu país, como seria considerado um comportamento inaceitável para um agente legal.

Estou enfrentando dois outros processos judiciais há mais de um ano, ambos muito parecidos com o que Shari precisou enfrentar. Ao longo do processo, sinto-me cada vez mais magoado e inconformado.

Então, como esses casos e essas questões se arrastam, consumindo nosso dinheiro e nossas emoções, me pergunto por que todas essas pessoas não foram sumariamente demitidas. Também acho muito estranho que o caso do departamento de liberdade condicional tenha sido suspenso quando as visitas obrigatórias do agente da condicional, que não aconteceram, poderiam ter ajudado a descobrir os crimes de Jeff muito antes.[3]

3 O autor está se referindo ao período em que Jeffrey Dahmer foi preso por abuso de menores. [NE]

Há outras coisas que me parecem injustas e lamentáveis. Ainda me lembro de como Jeff ficou agoniado comigo por "ceder" quando um psicólogo de Milwaukee apareceu certa manhã na CCI e o pressionou a assinar um documento que garantia horas e horas e horas de entrevistas. Jeff disse que o psicólogo havia garantido que aquele material seria usado de forma didática (para aulas). Contudo, depois que foi publicado em um livro comercial, meu filho se sentiu traído e manipulado, assim como eu, sobretudo porque a história detalhada da família, que forneci apenas para ajudar Jeff em sua alegação de insanidade, também foi colocada no livro.

Acho que também traí a confiança de Jeff quando ele me perguntou um dia: "Pai, por que você não escreveu mais sobre nossos momentos felizes no seu livro?". Ele estava se referindo aos dois anos em que fizemos parte da 4-H,[4] em que criamos ovelhas, erguemos cercas, plantamos jardins, escalamos parques metropolitanos, participamos de feiras de ciências etc. Minha débil resposta foi que o livro pretendia mostrar um foco específico, uma espiral descendente. Jeff respondeu, "Mostrou muito bem, sem dúvida".

Também senti que havia traído Jeff, sem qualquer intenção, quando acreditei que a alegação de insanidade seria a melhor aposta para que conseguisse um tratamento psicológico eficaz. Todos os envolvidos na defesa de Jeff concordaram.

---

[4] A 4-H (*Head, Heart, Hands and Health*) é uma organização sem fins lucrativos, fundada por A.B. Graham, cujo objetivo é desenvolver o senso de comunidade, liderança, responsabilidade e desenvolvimento de habilidades através de programas de aprendizado que vão desde a agricultura até o trato de animais. [NT]

No entanto, depois do julgamento, ouvi de fontes confiáveis que o tratamento psicológico nas instituições psiquiátricas do Estado o privaria essencialmente de toda a liberdade, além de as condições físicas do manicômio judiciário serem péssimas; uma combinação que, sem dúvidas, mandaria Jeff para o fundo do poço. "Eu não deveria ter sabido disso?", pensei. Por fim, faço uma pergunta retórica: "Qual era *realmente* o propósito daquele julgamento?".

Então, se eu soubesse o que sei hoje, jamais teria insistido na alegação de insanidade. No seu texto, Brian Masters faz uma excelente análise sobre a verdadeira natureza do julgamento, do júri e de todas as maquinações envolvendo o caso.

Hoje, levando em conta o ocorrido na Columbia Correctional Institution, um lugar destinado para prevenir exatamente o que aconteceu, sei que não existia um local apropriado para Jeff neste mundo, exceto onde está agora, nos braços do Senhor.

Lionel H. Dahmer
1º de março de 1995

fotos e
fragmentos
em
família

Jeff na puberdade, aos 15 anos, em Bath,
Ohio. Jeff, quase aos 17, no início
do divórcio dos pais, Bath, Ohio.

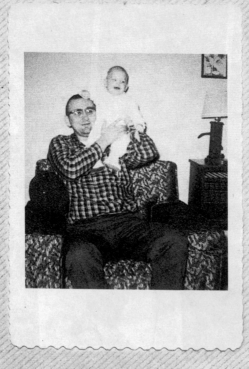

Jeff perdendo o fôlego de
tanto rir, enquanto Lionel
brinca com ele, 1960.

Jeff no colo carinhoso
da mãe, apartamento na
Van Buren Street, 1960.

Jeff em um dia tranquilo no antigo quintal de seus avós paternos. West Allis, Wisconsin, 1964.

Joyce, Jeff e Lionel recém-chegados à universidade, Iowa State University, 1962.

No alojamento estudantil, os pais de Lionel se abaixam para inspecionar os tomates premiados do filho.
Ames, Iowa, 1963.

Lionel e Jeff em um passeio noturno
ao redor dos alojamentos da
universidade, Ames, Iowa, 1964.

Jeff abraçando Frisky,
o maior amor de sua vida.
Barberton, Ohio, 1967.

No Halloween, Jeff e Lee tomando
raspadinha e refrigerante de gengibre.
Barberton, Ohio, 1967.

Jeff acompanhado de Dave e Lionel. Foi a primeira visita que Jeff fez a sua família após o período de treinamento no Exército. Bath, Ohio, 1979.

Jeff, aos 14 anos, se exibindo para a câmera durante a aula de natação.

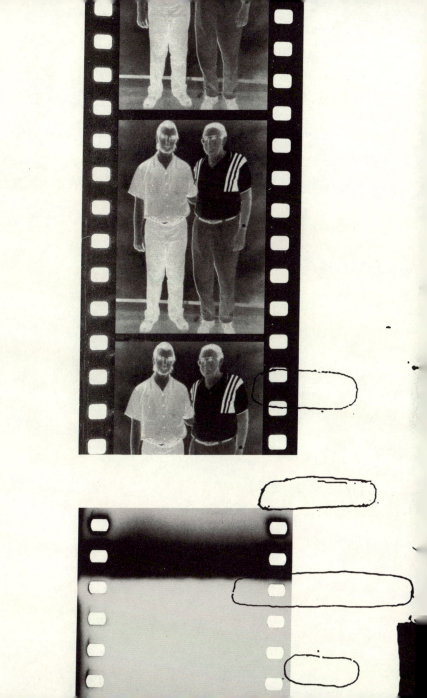

AGRADECIMENTOS

O número de pessoas amigas, conhecidas e estranhas que apoiaram Shari e a mim durante o período mais sombrio de nossas vidas é muito maior que o das pessoas que foram hostis conosco. Nós precisávamos desesperadamente de orações e palavras de acolhimento.

Embora eu nunca tenha me encontrado pessoalmente com Patrick Kennedy, soube que ele tratou Jeff como um ser humano durante os longos períodos de interrogatório ocorridos logo após sua captura. Por isso, expresso minha gratidão a ele e a Dennis Murphy, seu parceiro do Departamento de Polícia de Milwaukee, a quem pude conhecer e tenho o mais profundo respeito pelo comportamento similar dirigido a Jeff e a mim.

Shari tem um espaço muito especial em sua memória dedicado ao capitão M. Gurich, da Divisão Policial de Medina, Ohio, xerife no Departamento de Xerife do Condado, e aos dois policiais que vieram informá-la sobre a prisão de Jeff.

Ela se recorda, agradecida, do capitão Gurich sentado no sofá de casa, explicando gentilmente todos os detalhes. Eu também gostaria de agradecer a toda a equipe de polícia pela assistência imediata naquele momento crítico, por estarem dispostos a proteger minha esposa do assédio da imprensa e da mídia.

Em maio de 1992, durante a primeira aparição pública de Jeff na Corte de Akron, Ohio, o xerife Troutman, John Karabatsos e todos os outros oficiais associados, trataram Jeff, Shari e eu de forma extremamente humana.

Tendo residido por muito tempo em Bath, Ohio, e participado de muitas Associações Cristãs de Rapazes, programas comunitários etc., com membros do Corpo de Bombeiros e da Defesa Civil, logo aprendi sobre a eficiência e a dedicação do Departamento de Polícia de Bath e sobre a natureza acolhedora do comandante Gravis. Além disso, enquanto lidava com múltiplos aspectos da investigação, o grau de profissionalismo e sensibilidade mostrado pelo detetive Richard Munsey, da Polícia de Bath, foi excepcional e nunca será esquecido.

Outro agradecimento muito especial vai para Kenneth Risse, do Departamento de Polícia de West Allis, Wisconsin, por sua prontidão e extraordinária reação aos meus frequentes telefonemas pedindo carros de patrulha que ajudassem a conter os ataques — à casa e à propriedade de minha mãe — cometidos pela mídia. Um jovem patrulheiro, inclusive, Jacques Chevreman, resguardou a propriedade de minha mãe como se fosse da mãe dele. Além disso, agradeço, no nome de mamãe, aos gentis e prestativos vizinhos que a presenteavam com comida e um pouco de alento.

Shari e eu nos tornamos pessoas melhores e mais otimistas graças às contínuas conversas com Theresa Smith, a atenciosa irmã de Eddie Smith. Apreciamos sua preocupação e sensibilidade.

Eu seria muito relapso se deixasse de reconhecer e agradecer a Ed Gernon, um roteirista de Los Angeles, por me estimular a escrever este livro. Ainda, a Nancy Snyder, por seu apoio constante e permanente durante esses tempos difíceis, o meu mais caloroso e sincero "muito obrigado".

É com muito afeto, gratidão e respeito que me dirijo aos advogados: Robert e Joyce Mozenter, da Filadélfia, Larry Vuillemin, de Akron, e Steve Eisenberg, de Madison, que, junto a Larry Vuillemin, nosso advogado de questões legais conectado às áreas de Ohio e Akron, lidou com todos os assuntos jurídicos em Wisconsin. Desejamos agradecê-los pela imensa contribuição e assistência dada a Jeff, e a nós mesmos, em todas as questões legais após o julgamento de Milwaukee. Desde que essas pessoas se juntaram a nós, sentimo-nos parte de um time muito forte, solícito e coeso.

Sou eternamente grato a Dick e Tom Jungck, de Nova Berlim, Wisconsin. Esses irmãos gêmeos, meus amigos de longa data, foram as primeiras pessoas a me contatarem, em 24 de julho de 1991, quando cheguei a Milwaukee em meio a todo aquele caos. Eles, Sandy, Karen e suas casas tornaram-se portos seguros onde Shari e eu podíamos organizar nossos pensamentos e fazer planos em meio a essa longa provação. Fosse dando conselhos ou socorro físico, eles sempre estiveram ali para Shari, mamãe e eu.

A Thomas H. Cook, devo minha gratidão mais profunda por seu comprometimento em trazer este projeto extremamente árduo à completude.

Ao meu agente, Joel Gotler, e sua equipe da Renaissance Agency, em Los Angeles, Califórnia, desejo dizer que me sinto em dívida com tantos conselhos perspicazes e eficientes, e tamanha agilidade de resposta, principalmente durante os períodos incertos e frustrantes ocorridos pouco antes da conclusão deste livro. Joel sempre mostrou preocupação conosco enquanto indivíduos ao mesmo tempo em que demonstrava seu profissionalismo como um empresário cheio de excelentes contatos.

Desde meu primeiro encontro com a William Morrow Publishing Company, de Nova York, senti que o editor sênior, Paul Bresnick, e sua equipe, estavam interessados em uma história de um ponto de vista totalmente diferente. Meu muito obrigado a Paul por seu empenho em trabalhar com este livro e por sua amável flexibilidade durante alguns problemas iniciais. Sou muito grato a Paul e William Morrow por terem me dado a oportunidade de explorar minhas relações familiares, entrelaçando meu passado com a história de Jeff, a fim de trazer alguma luz à forma como foi criado, mostrando que não nasceu, como muitas pessoas insistem em dizer, um monstro.

Ao dr. Robert Kirkhart, psicólogo clínico de Cuyahoga Falls, Ohio, expresso minha mais profunda gratidão por ter nos ajudado a lidar com todo o sofrimento e o luto que permeou o calvário destes últimos dois anos. Ele é, de verdade, um modelo de sabedoria, cuidado e paciência.

A um membro da família muito querido que escolheu permanecer anônimo, saiba que sempre me recordarei de toda a compreensão e ajuda que você me deu — sua forma de amar é muito parecida com a da minha mãe.

Por fim, guardei por último duas pessoas muito importantes na minha vida. Uma, que ainda está viva, mas cuja saúde foi permanentemente alterada por todo esse suplício — minha esposa, Shari. Este livro não poderia ter sido escrito sem o seu imenso apoio. Foram suas memórias, seus insights e sua sensibilidade que o tornaram possível. Shari é a epítome de uma companheira tremendamente carinhosa que faria de tudo para proteger aqueles que ama. A segunda pessoa é minha mãe, que, poucos meses atrás, sucumbiu aos horrores desta provação. Catherine Dahmer, uma vítima desavisada, amava a Jeff e a mim incondicionalmente e sem reservas. O grau de amor e a qualidade de experiências familiares que ela e meu devotado pai, Herbert Dahmer, compartilharam comigo, poderia, acredito, ser um exemplo para pais do mundo todo. A razão pela qual me dirijo a Shari e Catherine ao mesmo tempo é porque ambas tinham um laço muito especial, que se tornou ainda mais forte nesses últimos anos. Lágrimas escorrem dos olhos de Shari sempre que mencionamos as coisas especiais que Catherine costumava fazer por Jeff, o amor que sentia por ele, o fato de que ela daria, literalmente, a própria vida por meu filho ou por mim. Eu as amo muito.

Lionel H. Dahmer
Akron, Ohio

LIONEL DAHMER é um químico e escritor americano. Nasceu no ano de 1936, em Milwaukee, Wisconsin, Estados Unidos. Construiu uma ampla carreira na área das ciências, iniciando sua formação na Universidade de Wisconsin, realizando seu mestrado em ciências na Universidade de Marquette e, por fim, concluindo seus estudos com o título de Doutor em Filosofia pela Universidade Estadual de Iowa. Durante os anos 1960, trabalhou como químico sênior e supervisor de investigação em química analítica. Nos anos 1990, seu nome ficou conhecido na mídia por ser o pai de Jeffrey Dahmer, o assassino em série. Em 1994, Lionel escreveu e publicou a primeira edição de *Meu Filho Dahmer*.

CRIME SCENE
DARKSIDE

"Escutarei na noite tuas palavras:
menino, meu menino...
e na noite imensa seguirei
com as minhas e as tuas chagas."

— **PABLO NERUDA** —

DARKSIDEBOOKS.COM

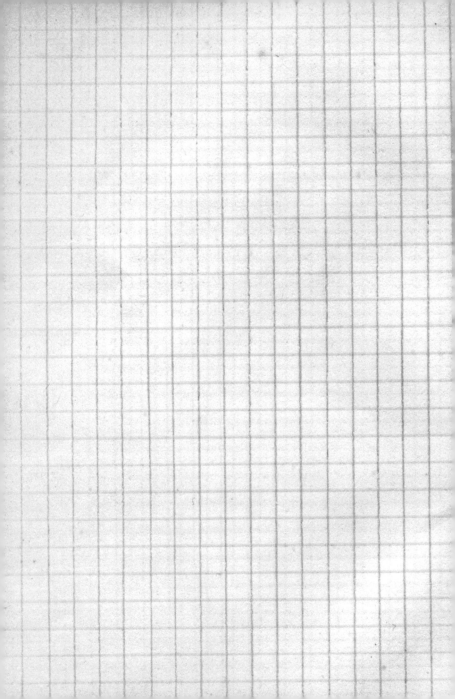